KB045118

실미도의 '아이히만'들

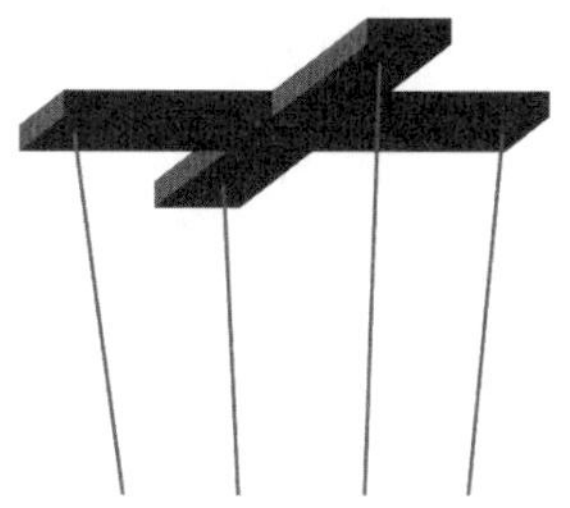

실미도의 '아이히만'들

실미도 사건 50주기에 부쳐

안김정애 지음

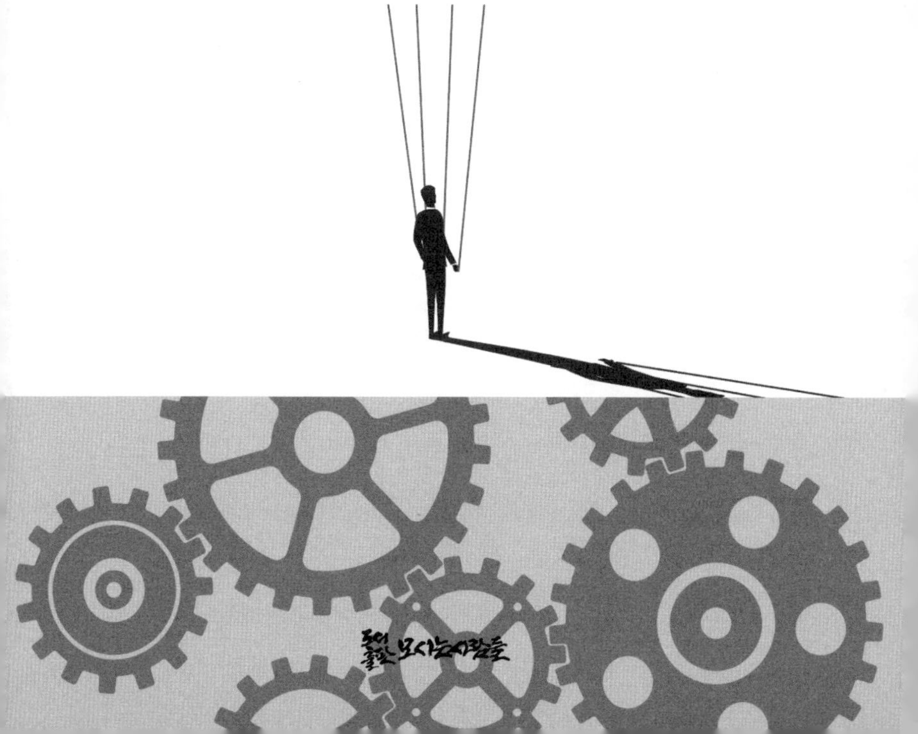

도서출판 모시는사람들

서문

'코로나19로 해수욕장 폐쇄'

펼침막이 바람에 나부끼는 소리가 요란한 실미도를 15년 만에 다시 찾았다.

강산이 다섯 번 변했다.

1971년 8월 23일. 실미도에서 24명의 실미도 부대 공작원들이 "우리의 억울함을 알리러 중앙청으로 가자"고 하며 봉기했던 날로부터 50년의 세월이 흘렀다.

다시 찾은 실미도.

여전히 뱀 모양을 하고 내 앞에 길게 누워 있다.

모세의 기적처럼 갈라진 길을 따라 밟은 실미도. 갯벌에서 평화롭게 조개 캐는 사람들을 지나 바위로 이어지는 바닷길을 오르내리며 연병장이었음직한 곳에 퍼질러 앉아 바다를 바라본다.

31명의 공작원들이 짧게는 4개월에서 길게는 40개월을 뒹굴었을 곳.

이들의 피와 땀과 눈물과 한숨이 서려 있는 곳.

이부웅, 신현준, 조석구, 윤태산, 황철복, 강찬주, 강신옥 등 7명의 공작원이 죽어나간 곳.

이들의 유골은 바다에 떠 내려가 찾을 길이 없다. 조석구를 제외하고.

시뻘건 해가 지면서 일몰의 바다에서 들려오는 울음소리.

그리고 이들의 훈련 장소였던 무의도 호룡곡산을 찾았다. 하나개 해수욕장을 끼고 있는 산. 날 뱀을 잡아 먹으며 잠복 훈련을 했을 법한 해안 절벽을 무심한 파도가 훑고 지나간다.

돌아오는 길, 하늘에서는 갑자기 엄청난 비가 쏟아졌다.

내가 31명이 살아 온 삶을 온전히 알 리 없다.

전쟁고아, 평범한 소농의 자식들, 탈영병, 소매치기 전과자, 곡예사, 요리사…. 표면적으로는 다양한 모습을 하고 있지만. 마땅히 존중받아야 할 한 인격체로서 31명의 공작원들이 어떻게 본인들의 삶을 꾸려 왔는지, 어떤 동기로 실미도 부대에 입대하게 되었는지 나는 알지 못한다. 살아 있다면 한 가지는 꼭 묻겠다. "당신들에게 국가란 무엇이었는가?”

이들의 일상을, 생명을, 존엄을 앗아간 50년의 세월이 결코 짧지 않다.

왜 이들이 그토록 비참하게 삶을 마감해야 했는지에 대해 우리는 아직도 대답을 못 하고 있다.

한 가지 분명한 건, 오늘 범죄를 처벌하지 못하면 내일 더 큰 범죄에 용기를 줄 뿐이라는 사실.

가신 이들의 명복을 빈다.

부디 전쟁 없고 평화로운 곳에서 편히 쉬시길….

2021년 8월

안김정애

차례

실미도의 '아이히만'들

1부 | 실미도 사건

2부 | 사형수 4인의 육성

들어가는 말

〈장면 1〉 1972년 3월 10일에 사형에 처해진 실미도 공작원 4명의 시신 매장을 현장에서 지휘했던 공군 2325(정보부대) 시설대대 상사 오수상은 2005년 국방부 과거사진상규명위원회 조사 과정에서 오류동으로 추정되는 암매장지 확인 동행을 요청했을 때 "손녀딸이 학교에서 돌아올 시각이다"라고 하며 우리 조사관 일행에게 기다리라고 했다. 잠시 후 집으로 들어서는 초등학교 1학년쯤 되어 보이는 손녀를 두 팔로 감싸 안으며 자상한 목소리로 "할아버지 다녀오마. 집에서 잘 놀고 있어라"는 말을 건네고 우리와 동행했다. 그는 유가족과 직접 대면한 최근까지도 보안각서를 이유로 정확한 암매장지에 대해 철저히 함구하고 있다(2006.11.16. 오수상 자가).

〈장면 2〉 전두환 정권 시절, '한수산 필화 사건' 당시 중앙일보 출판부장이던 권영빈. 하루는 사장실에서 호출이 있어 갔더니 사내를 출입했던 보안사 대원 김태진이 사장과 같이 앉아 그를 맞이했다. 김태진이 "잠깐 보안사로 같이 가자"고 하기에 사장을 쳐다보니 "다녀오라"고 말했다. 그렇게 보안사에 잡혀가 이유도 모른 채 보안사 수사관들에게 둘러싸여 피가 새카맣게 되도록 구타와 고문을 당했는데, 잠깐 쉬는 동안 고문 수사관이 본인 앞에서 천연덕스럽게 결혼할 딸과 통화하는 모습이 한평생 잊혀지질 않는다고 했다(2007.5.22.《중앙일보》 논설고문실).

〈장면 3〉 "어찌 우리에게 그리도 모질게 굴었는가?" 한국군에 의한 베트남 양민 학살지를 찾아 떠났던 2002년 평화기행에서 만난 베트남 전쟁 생존 여성은 우리를 붙잡고 통곡을 하며 수없이 물었다. 나는 제대로 된 대답을 할 수 없었다. 대한민국에 살고 있다는 이유로 나는 그저 "미안합니다, 미안합니다"를 되뇌었을 뿐. 옆에 있던 할머니의 총탄이 박혔던 이마의 자국에 내 손가락을 집어넣으며 터뜨렸던 나의 통곡은 그 여성의 것과 같은 것이었을까?

실미도 사건에서도 베트남전이 언급된다. 1971년 8월 23일 '실미도 사건'에서 살아남은 공작원 4명이 비밀 군사재판을 받고 있을 때 국가는 이들에게 "다 잊어버리고 월남 가자. 대신 모든 언론과 국회 조사를 피하고 군사재판에만 성실히 임하라. 그러면 살려주겠다"고 했다. 그리고 이듬해인 1972년 3월 10일, 국가는 가족 누구에게도 알리지 않은 채 이들을 처형하고 시체를 암매장했다. 사형수 유가족들은 피눈물을 흘리며 아직도 이들의 시신을 찾아 헤매고 있다.

〈장면 4〉 "오빠는 간첩이 아니다!" 이향순 여사(80세. 사형수 공작원 이서천의 누이동생). 어렵게 살아내야 했던 가정에서 태어나, 열 살 되던 오빠가 추운 겨울 밤, 의붓아버지에게 맨발로 쫓겨나는 모습을 기억하고 있는 그. 성년이 된 오빠가 본인 집에 하룻밤 와서 자고 갔던 게 마지막 모습이라는 기억을 하고 있는 그. 이후 행적을 알 수 없어 막연히 행방불명으로 생각하고 살고 있었는데 64세 때 국방부로부터 "이서천 씨를 아십니까?" 하는 전화 한 통을 받자마자 "우리 오빠는 간첩이 아닙니다"라고 대답했다는 그. 그에게 국방부는 그리고 국가는 어떤 존재였기에 이런 말이 무의식중에 먼저 튀어 나왔을까?

이 책은 우리네 의지와는 상관없이 강대국 논리에 의해 재단된 70여 년의 한반도 분할·분단사에서 개인의 삶이 어떻게 뒤틀리는지를 톺아보는 기록이다. 2차 세계대전의 전리품 나누기로서 이루어진 미국과 소련에 의한 한반도 분할과 점령, 양 강대국이 주도하는 '공포 마케팅'으로서의 전 세계적인 냉전 논리와 봉쇄전략의 시작, 미·소의 후원을 받은 '샴쌍둥이' 모습을 한 남·북한 단독정부 수립, 강대국의 참전과 동족상잔으로 나타난 한국전쟁, 남북 분단 확정과 고착화를 배경으로 한 줌도 안 되는 자들이 '국가'의 이름을 도용하여 '안보'와 '조직' 보호를 위해 각종 불법과 탈법 등의 방법으로 국민의 인권을 어떻게 유린했는가에 대한 기록이다.

나는 누구인가?

나는 월남민의 가족이다. 한국전쟁 정전 후 북한에 고향을 둔 부모님 두 분의 결혼으로 남한 땅에서 태어나 자랐다. 어릴 적에는 한국전쟁에 참전한 해병대 3기 출신으로 맥아더를 존경해 마지않았던, 평소 말 없고 무뚝뚝한 단신 월남민인 아버지가 해마다 명절이면 임진각 망배단을 찾아 왜 꺼이꺼이 통곡을 하셨는지 몰랐던 철부지였고, 커서도 남한 땅에서 어머니가 왜 이름과 생년월일, 심지어는 본적지까지 바꾸어가며 사람들 앞에서 아버지 해병대 군번을 외워대면서 억척스럽게 발버둥치며 사는 지 알려는 노력조차 거부했던 불효녀였다. 나는 잠깐 총성만 멈추자고 했던 휴전협정 문서가 사람들에게 생경했을 시기, 그리고 온 동네가 아직도 가족의 생사를 찾아 헤매는 전쟁 후유증을 앓고 있던 50년대 말에 태어나 70년이 다 되도록 아직도 전쟁이 계속되고 있는 한반도에 살고 있는 '전쟁 2세대 여성'이다. 대학 입학 후 '월남민' 가족으로서 막연하게 생각했던 우리네 현대사가 곧 실타래처럼 복잡하게 얽힌 분단사임을 깨닫고 한국 현대 정치사 공부를 시작하게 되었다.

2005년 이후 국방부 과거사진상규명위원회, 진실화해를위한과거사정리위원회, 대통령소속 군사망사고진상규명위원회 등 3개 위원회 조사관으로서 국가 공권력에 의한 인권 침해 사건을 조사한 바 있다. 국방부 과거사위에서는 조사2과장으로 실미도 사건을 조사하였다. 평소 "전쟁이란 폭력을 문제 해결의 최종 해결책이라고 믿는 일종의 소시오패스 권력자들이 민(民)을 장기판의 졸(卒)로 삼아 벌이는 집단폭력 사기극"이라고 믿는 나로서는 한국전쟁의 부산물로 나타난 광기어린 '1·21사태'와 그 보복 대응책으로서의 '실미도 사건'은 같은 맥락으로 와 닿을 수밖에 없다.

왜 쓰는가?

첫째, 나 자신이 스스로가 '아이히만'[1]이 되지 않기 위해 이 글을 쓴다.

"비극은 악한 사람의 거친 아우성이 아니라 선한 사람의 소름 끼치는 침묵"(Martin R. King). "과거에 대해 눈을 감는 사람은 현재에 대해서도 맹목이 되어 버린다"(전 독일 대통령 바이츠제커)는 말을 되새기며 이 글을 쓴다. 전쟁이 그치지 않고 있는 한반도, 그리고 수많은 분쟁으로 몸살을 앓고 있는 이 지구별에 살면서 나 역시 '내 안의 파시즘' '내 안의 차별주의'는 없는가를 끝없이 묻고 대답하고 깨어 있기 위해 이 글을 쓴다.

남북한 분단 조장 세력은 공히 '공포 마케팅'을 도입하여 70년 이상을 상대방에 대한 증오, 혐오, 차별의식을 조장해 왔고, 이 '공포 마케팅'은 아직도 뒤틀린 안보의식과 맹목적 사대주의에 찌

---

1 1961년 유태인 학살 혐의자 아이히만은 법정에서 "내가 관심 있는 건 맡은 일을 잘 하는 것뿐. 나는 잘못이 없다. 단 한 사람도 내 손으로 죽이지 않았다. 죽이라고 명령하지도 않았다 내 권한이 아니었으므로. 나는 오직 명령에 복종했을 뿐이다." 라고 말한다. 한나 아렌트는 그가 유죄인 이유는 아무 생각이 없었기 때문이라고 지적한다; "다른 사람의 처지를 생각할 줄 모르는 생각의 무능은 말하기의 무능을 낳고 행동의 무능을 낳는다." '악의 평범성', 한나 아렌트, 『예루살렘의 아이히만』.

들어 있는 우리네 현실에 비추어 어느 정도 성공한 것으로 보인다. 이승만, 박정희, 전두환 정권은 '반공 정권'을 표방하며 이른바 '빨갱이 콤플렉스'를 만들어 전 국민에게 집요하게 교육을 시켰고, 국가보안법이라는 괴물이 여전히 지금까지 위력을 발휘하도록 했다. 우리 세대는 학교에서 반공을 소재로 한 포스터 그리기, 글짓기, 표어 만들기, 웅변대회는 물론, 수류탄 멀리 던지기, 전쟁터 부상자에게 붕대 감기 실습 등 여학생들에게도 강요되었던 군사교육의 집단 기억을 공유하고 있다. 나는 어릴 적에 북한 사람을 인간이 아닌 늑대, 주구, 꼭두각시 등으로 듣고, 말하고, 쓰고, 그렸다. 그리고 성인이 된 30년 전 여름, 이탈리아 포로 로마노를 배낭여행하고 있을 때 우연히 마주친, 우리말을 쓰는 북한의 두 남녀가 가슴에 김일성 배지를 달고 있는 것을 보고 순간 얼어붙었던 기억이 생생하다. 한마디 말도 건네지 못하고 포로 로마노 광장 한복판에서 뜨거운 태양을 쬐며 그들이 어서 내 눈앞에서 사라지기만을 기다렸던 못난 나의 머릿속을 맴돈 건 '국·가·보·안·법'이라는 다섯 글자였다. 증오와 혐오, 차별의식의 원천은 공포다. 공포를 극복하기 위해 우리 모두에게 필요한 건 '인간의 존엄성'을 굳게 믿고 실천하는 건강한 공동체 의식의 구축이라고 생각한다.

둘째, 여성의 시각으로 한반도 근현대사를 재조명하기 위해 이 글을 쓴다.

위에서 언급한 3개 과거사 위원회를 거치면서 여성이 본 현대사의 현장을 기록하고자 한다. 역사 기록이 남성 편향적이고 남성 주류의 시각이 두드러진 상황에서 여성의 목소리는 역사가 되지 못했다. 한국전쟁 전후 군과 경찰 등 국가 공권력에 의한 민간인집단학살 사건 조사 중 함께했던 남성 조사관의 말이 잊혀지질 않는다. "남성 증언자들의 증언에 비해 여성 증언자들의 증언은 구체성과 신빙성이 떨어진다." 여성 증언자들의 사건 현장 목격 내용이 더 정교함에도 불구하고 전체적인 구조를 보는 한계가 있다는 등의 이유로 현장 조사에서도 남성의 목소리가 주로 기록으로 남았다. 한국군 파병군에 의한 베트남 민간인 피해자 면담 시에도 베트남 여성들은 문지방을 넘지 못하고 부엌에서 피해 남성들의 증언을 물끄러미 지켜보기만 했던 모습을 기억한다. 소위 '대조국전쟁'에 참전한 벨라루스 여성들이 "나를 숨기고 남편 뒤에 숨어 살아야"했던 전쟁사, 남편이 가르친 전쟁사를 앵무새처럼 얘기해야 했던 여성들(스베틀라나 알렉시에비치, 『전쟁은 여자의 얼굴을 하지 않았다』, 문학동네, 2015)의 이야기는 분명 전쟁의 모든 진실을 담을 수 없다. 남성 편향의 역사 기술과 기록을 바로잡고,

남성의 언어, 남성의 문법으로 쓰인 현대사를 여성주의 시각으로 재구성하기 위해 이 글을 쓴다.

셋째, 최소한 비양심적인 당대인으로 남지 않기 위해 이 글을 쓴다. 기득권을 가진 자들이 과거를 정당화하려 할 때 학자들이 얼마나 가열차게 이에 저항하였는지 잘 모르겠다. 그리고 내 자신 스스로도 내가 갖지 못한 것에 대해 핏대 높여 비판했지만 내가 가진 것에 대해서는 기득권화하며 얼마나 생각 없이 살았는지 잘 모르겠다. 하여 이 글은 내 자신 스스로가 깨어 있겠다는 다짐을 하기 위한 것이기도 하다.

나 역시 이 시대를 살아가는 한 사람으로서 "한 시대의 야만과 그것이 남긴 상처는 망각이나 기피함으로 극복되지 않는다"(문부식, '잃어버린 기억을 찾아서,'[우리 안의 파시즘]), "국가는 진실을 기억할 의무가 있다. 스스로 포기하더라도 마지막까지 국가에 의해 보호받아야 하는 것이 인권이다"(강금실, 전 법무부 장관)라는 말에 전적으로 동감하면서.

무엇을 쓰는가?

한국판 '아이히만'들의 육성을 기록하고자 한다. 내가 '실미도 사건' 조사 과정에서 직접 만났던 자들, 사건의 축소·조작·왜곡·은폐에 가담했던 자들의 목소리를 있는 그대로 구술 형태로 기록하고자 한다.

'국가'란 구성원 개개인의 인간으로서의 존엄성을 존중하고 보호하기 위해 존재한다. 그런데 이를 무시하는 한 줌도 안 되는 자들이 '국가'를 참칭하고 '안보'를 핑계 삼아 일으킨 희대의 인권 침해 사건인 '실미도 사건' 조사에서, 조사 대상이었던 거의 모든 가해자들은 "잘 모른다." "기억이 나질 않는다." "위에서 시키는 대로 했다." "아랫사람이 알아서 처리했다." "왜 우리만 가지고 그래?" "다른 기관의 책임이다." "들은 바 없다." "불가피했다." "지금의 잣대로 판단해서는 안 된다." "그때는 어쩔 수 없었다." "억울하다." 기타 등등 무수히 많은 말, 말, 말을 쏟아냈다. 국민의 피와 땀이 어린 세금으로 봉급을 받아먹는 공복이란 자들의 입에서 나오는 너무나 뻔한 변명에 구토가 나왔다. 어느 한 사람도 "내 책임이다, 내가 잘못했다, 모든 책임을 내가 지겠다, 피해자와 유족들에게 천만 번 죽을 죄를 지었다, 마음으로부터 정말 진심으로 사과한다"고 하지 않았다. 이 땅에 더 이상의 '아이히만들'이 생산되지 않도록 하기 위하여 나는 무엇을 해야 하는가? "조직의 이름으로 불법부당한 일을 저지르면 각 개인이 책임을 져야 한다"는 판단[2]을 가질 것, 가해자에 대한 엄벌을 반드시 요구할 것, "어쩔 수 없었다"는 말로 가해자 편들지 않을 것, 매 순간 깨어 있을 것 등이다.

뉘른베르크 전범 재판에서는 유명한 명제가 성립되었다. "위로부터의 부당한 지시와 명령을 거부 못한 것이 감형의 사유가 될 수 없다." '악의 평범성'을 주장한 한나 아렌트가 주목한 아이히만도 자신은 위로부터의 명령에 충실했을 뿐 자신은 잘못한 것이 없다고 굳게 믿는, 우리가 이웃에서 흔히 볼 수 있는 평범한 사람이었다. 우리 이웃에 아무렇지도 않게 존재하는 이웃집 아저씨. 누군가의 남편이자 아버지, 할아버지, 친구. 겉보기엔 평범하지만 부당한 상관의 명령에 절대 복종만 하면서 살아가는, 생각하지 않는 죄를 저지르는 무지한 자들이다.

그리고 부채의식에 이 글을 쓴다. 2006년 7월, 위원회가 '실미도 사건' 조사 결과를 공개하고 나서 나는 이 사건을 잊으려 애썼

2 "비리재단과 싸우는 수원대 교수들,"《한겨레신문》(2020.2.29(토)). 비리재단에 의해 수원대에서 재임용 거부와 파면 당한 6인이 재단 이사들과 징계위원, 인사위원 등 개인들을 상대로 낸 손해배상 청구소송에서, 부당하고 위법한 걸 알면서도 재임용 거부와 파면 처분을 한 데 대한 민사책임을 요구한 판결. 1심(2019. 10. 서울중앙지법 민사 45부. 재판장 김진철)에서 피고인들은 원고 6인에게 최고 4,500만 원씩 배상하라는 판결이 내려졌다.

다. 큰 틀에서는 성과가 적지 않았지만 문서 폐기와 사건 관련자들의 모르쇠 등 여러 이유로 속 시원하게 밝혀지지 않는 크고 작은 사건의 진실 조각들이 계속 나를 괴롭혔고, 특히 사형수 4명의 암매장지는 현장 매장자와 지시 계통의 책임자들이 보안각서를 이유로 함구하는 바람에 끝내 오류동으로 추정되는 암매장지에서 4명의 유해를 찾을 수 없어서 마음은 천근만근 무거웠다. 오류동 유해 발굴에 실패하고 돌아서는 나의 차를 막아서며 "우리 오빠 시신을 찾아 달라"며 울부짖는 사형수 유족들을 뒤로 하고 집으로 향했던 날은 개나리가 활짝 핀 화창한 봄날이었다. 하지만 나의 몸과 마음은 한겨울이었다.

'나는 할 만큼 다 했다. 최선을 다했음에도 불구하고 어쩔 수 없었다'며 애써 자위하고 나머지 일들은 권고사항으로서 국방부가 알아서 잘 처리할 것이라고 굳게 믿으면서 이후 한동안 나는 유족들과 연락을 끊고 살았다. 그 후 유족들이 피눈물을 흘리며 국방부, 청와대, 국민권익위원회, 보훈처 등을 돌아다니며 억울함을 호소하고 유해를 찾아 달라고, 군인으로 인정해 명예회복 차원에서 국립묘지에 안장시켜 달라고 한다는 얘기를 전해 들으면서도 애써 모른 척했다. 사기꾼 변호사를 만나 유해 인도 소송에서 패소한 이야기는 나중에 들었다. 대법원은 최종심에서 "없는 유해를 어떻게 국가가 인도하느냐?"며 패소 판결을 내렸다고 한다.

그렇게 10여 년의 세월이 흐르다 3년 전 다시 유족들을 만났다. 16년 전 위원회의 유해 발굴 작업을 통해 벽제에서 일부 발굴된 유해들이 그동안 거의 방치되다시피 하다가 3년 전에야 비로소 정식으로 육군 11보급대대 봉안소에 안치된다는 연락을 받아 참석했다. 국방부 의장대의 구슬픈 가락 속에 실미도 공작원 한 명 한 명의 영정사진이 들어서자 유족들은 정신을 잃어 가며 오열했다. 그리고 내 헌화 순서가 되어 국화 한 송이를 집어 드는 순간 꽃의 목이 '턱' 하고 꺾였다. "아…."

그날 영정사진 속의 실미도 공작원들에게 약속했다. 유족들과 함께 사형수 4명의 유해를 반드시 찾아내고, 당신들의 명예회복을 위해 애쓰겠노라고. 여력이 있다면 께름칙하게 남아 있는 불분명한 사건의 진실 조각들을 계속 추적해 보겠노라고….

1부에서는 위원회가 실미도 부대 창설 과정부터 4명의 사형 집행까지 관여했던 자들의 조사면담 내용을 중심으로 싣는다.

2부에서는 흔적도 없이 이 땅에서 사라져야 했던 사형수 4명의 육성을 공개하기로 한다. 이들 4명이 실미도에서 겪었던 3년 4개월, 총 4,860일의 기록이다. 소설과 영화, 그리고 수많은 기사와 영상들이 세상에 나왔지만 공작원들이 실미도에서 몸소 겪었던 내용들과는 거리가 먼 것도 있고, 사실을 왜곡·호도하는 내용도 많았다. 암매장 관련자들이 언젠가 입을 열 날을 기다리며, 이들 4명의 피의자 신문 조서와 사형 집행 문서, 그리고 사형 집행장에서의 최후 유언을 공개한다.

일반적으로 과거사 청산 방식에서는 통상 5가지 질문을 제시한다. (1) 무슨 일이 일어났는가?(진상규명) (2) 일어난 일에 대해 누가 어떤 책임이 있는가?(책임규명) (3) 그때 일어난 일이 옳았는가 틀렸는가?(가치판단) (4) 피해자(유가족)의 슬픔을 이해하고 같이 할 준비가 되어 있는가?(공감 여부) (5) 이를 통해 잘못된 과거의 문제를 개선하려는 의지가 있는가?(개선 의지 여부)

그런데 기존의 과거사위원회들이 한시적인 기구라는 핑계로 진상규명만 열심히 할 뿐 책임소재와 책임자를 묻고 따지고 끝까지 책임지게 하려는 노력은 부재했다. 과거사 진상 규명을 막으려는 세력에 의해 이미 누더기가 된 법과 씨름하면서, 법의 한계를 핑계삼아 용서와 화해만 강조했기 때문이 아닐까? 책임을 묻지 않는 과거사 진상 규명은 '지체된 정의'로, 결국 실패로 돌아갈 수밖에 없다. 5·18민주화운동을 전면 부인하는 희대의 살인마 전두환을 지금 우리 모두가 목격하고 있지 않는가? 법적 절차 없이 부당하게 민간인을 집단 학살해 놓고도 피해자와 유족들의 억울함은 늘 정당한 법적 절차 타령으로 풀어지지 않고 있다. '지체된 정의'는 정의가 아니다. 해당 가해 기관들은 과거사위원회 권고안을 제대로 이행하지도 않았고 대충 무산시켜 버렸던 사례를 일일이 열거하기 힘들다. 유가족뿐만 아니라 일반인들도 '국가 기관이 알아서 하겠지'라는 막연한 기대와 무관심, 치열한 감시 부재는 유사한 이름의 과거사위원회를 계속 출범시키는 도돌이표 역사를 반복하게 한다. 한 줌도 안 되는 자들이 '국가'의 이름을 팔아 국가 공권력을 이용하여 개인에게 행한 폭력, 즉 인권 침해를 바로잡고 재발을 방지할 해결책의 시작은 '확·실·한· 가·해·자· 처·벌'에 있다. 늘 화해니 용서니 추상적이고 감상적인 단어만 반복할 것이 아니라, 죄를 지은 자에게 죄를 묻고, 시스템의 문제라면 시스템을 고치는 것, 국가폭력에 의한 인권 침해 사건의 경우 공소시효를 폐지하고, 말단이라도 가해 책임자를 물어 구상권 행사, 훈·포장 박탈 등 실제적으로 처벌하는 법을 제정하고 이를 실행에 옮기는 것이 마땅하다. 법률에 근거하지 않고 기관장의 재량과 운영규정에 의해 존속했던 국방부 과거사진상규명위원회도 국정원, 경찰청 과거사위와 마찬가지로 '과거사 청산'이라는 뚜렷한 명분으로 시작했음에도 불구하고, 조직이기주의의 강고한 벽을 넘지 못했고, 사형수 4인의 유해 발굴과 시신 인도 등

권고사항은 제대로 이행되지 않은 채 현재에 이르고 있다.

처음 유족들을 만났던 날을 기억한다. 2005년 8월 23일 아침. 늦여름 하늘이 눈이 시리도록 파랗던 날. 유가족들은 실미도 공작원들의 최후 자폭 장소인 유한양행 앞에서 34주기를 맞아 노제를 열고 있었다. 이 자리에서 나는 위원회의 실미도 사건 조사 개시를 알리며 유족들에게 약속했다 "사건의 전모를 충실히 밝히고 반드시 유해 발굴을 하겠다. 시신을 돌려드리겠다"고. 오전 11시에 시작된 노제에서 유족들의 한 맺힌 울음소리는 유한양행 앞 인도에 마련된 제사상을 신기한 듯 곁눈질하며 오가는 사람들의 무심함과 묘한 대조를 이루었다. 이 자리에서 유족들은 위원회에 첫째, 사형수 재판·판결 기록 공개, 둘째, 유해 발굴 계획과 추후 조사 방법 및 방향 표명, 셋째, 특수임무 보상 해당 여부 판단 등을 요구하였다.

같은 날 순직 기간병(실미도 전우회) 추모식도 동일 시간대에 국립묘지에서 거행되어 두 팀으로 나뉘어 참석할 수밖에 없었다. 그날 실미도 전우회 측은 실미도 공작원과 달리 본인들은 국방부로부터 홀대를 당하고 있다며 불만을 드러냈고, 갓 출범한 위원회에 대해서도 언짢은 기색이 역력했다. 다음은 당일 전우회 총무 이준영과의 통화 내용이다.

나: 못 가 봐서 미안하다. 기간병 추모식은 잘 진행되었는가?

이준영: 추모식 관련 경과보고를 내가 당신에게 따로 해 줄 이유가 없다. 유족회 측은 이벤트성으로 국방부가 300만 원 주고 노제를 지낸다더라. 우리가 화해를 중재하려고 했지만 유족회 측은 우리를 살인자 취급한다. 우리가 국가를 위해서, 보안을 위해서 했지…. 서초동에 있는 특수임무보상심의위원회에서 두 번이나 우리 보상심의 진정을 빠꾸시켰다. 우리를 개 취급 한다. 공개질의서를 낼 예정이다. 당시 중정에서 실미도 부대에 특별지시로 1년에 두 번 감사를 나오고, 시험 비행도 이루어졌다. 목숨 걸고 나라를 지킨 우리를 이렇게 대할 수가 있느냐? 내가 알기로는 당시 우리 기간병들에게 책정되어 있던 개인당 생명수당 3,800원을 떼어 먹었다.

나: 어떻게 살고 계신지?

이준영: 지금은 대방동에 있는 명수대 현대아파트에서 경비 일을 하고 있다. 우리 전우들이 병 갖고 있는 사람들이 많다. 이태환은 후두암, 황석종은 간암으로 세상을 하직했는데 황석종은 임종 시에 "국가에 책임을 물어 달라"는 유언을 남겼다.

실미도 보고서가 마무리되어 가던 2006년 4월 7일에 두 번째 통화가 이루어졌는데, 그는 다시 한번 국가에 대한 강한 불만을 토로하였다.

> 나: 보고서가 마무리되어 간다. 인사 차 전화드렸다.
>
> 이준영: 나는 공작원들에게 욕 한 번 한 적 없다. 아무것도 모르고 684부대에 배치되었다. 우리를 소모품 취급했다. 국가보훈대상이 되게 해 달라.

한 줌도 안 되는 자들이 '국가'란 이름을 팔았다. 생존 기간병들은 국가가 자신들을 '개 취급' 하고 '소모품' 취급한 것에 분노하고 있는데, 이들 역시 '실미도 사건'의 명백한 피해자이다. 유족과 기간병, 모두 피해자임에도 불구하고 여전히 책임지는 자가 없는 상태에서 '을'끼리의 싸움과 갈등은 깊어만 간다. 피해자들은 서로에게 상처를 줄 것이 아니라 가해자인 '갑'의 실체를 정확히 알고 그들을 향해 목소리를 높여야 한다.

국방부 과거사위원회에서 '실미도 사건'[3]을 제2호 사건으로 선

3 위원회의 공식보고서는 '실미도 사건,' 국방부 과거사진상규명위원회 종합보고서 2권(2007), 국회도서관. 참조.

정, 조사하게 된 경위는, 1999년 12월 소설 『실미도』가 발간되고, 이를 바탕으로 2003년 12월 영화 〈실미도〉가 상영되어 1,000만 이상 관객이 동원되면서 30여 년간 비밀에 싸여 있던 실미도 사건이 전 국민적인 관심사가 된 것이 계기가 되었다. 여론에 떠밀려 국방부에서는 사건 경위를 조사하기 시작하였다. 2004년 2월 5일에 실미도 사건 관련 국방부 대책회의(차관 주재)가 열리고 자료 확인 조사팀이 구성되었으며, 2월 6일에 국방부는 실미도 관련 사실을 확인할 것을 공식 표명하였다. 3월 13일에 공군본부는 정기33700-10(04.3.6) 실미도 유해 발굴 보고 관련 조치 지시 공문에 의거, '실미도 유해 발굴 조치 계획 보고' 공문을 국방부 장관에게 보냈고, 4월 1일에 국방부에서는 실미도 사건 조사 결과를 공식 발표하였다. 하지만 이 조사 결과는 전 국민적 요구에 미흡한 것으로 판단되어 4월 20일 청와대 NSC 실무조정회의에서 2004년도 하반기에 정식으로 국방부 내에 실미도 TF를 구성할 것을 결정하였고, 이듬해인 2005년 5월에 국방부 과거사진상규명위원회가 출범하면서 실미도 TF의 자료를 이관 받아 2005년 8월 8일에 민관합동 조사관으로 구성된 위원회에서 실미도 사건 조사 개시를 결정하였다

1부
실미도 사건

실미도 사건은 1968년 '1·21사태' 후 박정희 대통령의 대북 응징 보복 지시에 따라 중정의 책임 하에 공군 2325정보부대 내에 만들어진 북파 특수임무부대인 실미도 부대에서 발생한 사건이다. 부대 공작원들은 민간인들을 대상으로 모집되었으며, 31명의 공작원으로 1968년 5월 1일에 창설되어 3년 4개월의 훈련을 받았으나 중정의 무책임과 공군의 무능력으로 인해 훈련기간 중 총 7명의 공작원이 가혹행위와 폭력으로 사망하는 인권 유린을 당했다. 생존 공작원 24명이 1971년 8월 23일에 자신들의 억울함을 호소하고자 실미도 탈출을 기도하여 서울로 향하던 중, 대방동 유한양행 앞에서 일부가 자폭하였으며, 이 과정에서 살아남은 4명의 공작원은 변호인 선임은커녕 가족에게도 알리지 않은 공군의 불법적·탈법적 비밀재판을 통해 1972년 3월 10일에 사형 당했고, 국방부와 공군이 아직도 암매장지를 밝히지 않아 유가족이 유해를 인도받지 못하고 있는 사건이다.

1. 창설

"눈에는 눈, 이에는 이"

실미도 부대의 창설은 박정희와 김일성이 각각 개입하였던, '제2의 한국전쟁'이라 불리었던 베트남 전쟁이 배경이 된다. 박정희와 김일성은 각각 남베트남과 북베트남을 지원하면서 "자유민주주의 수호," "사회주의권의 국제적 의무"[1]라는 명분을 표방하면서 직접 전쟁에 참전하였다. 1968년 '1·21사태'[2] 직후 박정희와 중

1 박정희는 "만약 베트남전에서 공산군이 승리하면 그 여파가 한반도에도 미칠 것이며, 따라서 베트남은 우리의 제2전선"이라고 선언하고, 김일성은 "하노이 상공을 평양 상공 방어하듯이 하라"고 지시하며 미그21기 전투기 조종사 87명을 파견하였다.

2 1960년대 중후반의 한반도 정세는 베트남전쟁과 밀접하게 연관되어 있다. 이 시기의 베트남전쟁은 북한이 북베트남을 지원하고, 한국이 미국과 함께 남베트남을 지원하는 '제2의 한국전쟁'(이재봉, 《한겨레21》(1250호, 2019.2.15)에서 재인용)이기도 했다. 한국의 박정희는 1964년 1차 파병을 시작으로 1966년 4월까지 4차에 걸친 베트남 파병을 시행하였고, 북한의 김일성은 1966년 10월 제2차 조선노동당 대표자회의에서 "베트남전에 대한 지원과 조속한 남선 혁명 및 조국통일"을 강조하였다. 이런 기조 하에 1967년 1월 19일에 강원도 고성 앞바다에서 북한은 국군 해군 함정을 침몰시키고, 휴전선에서는 남북 간의 총격전이 벌어졌으며, 같은 해 4월에는 국군7사단 포병대가 북한을 향해 포탄 585발을 발사하는 일이 벌어졌다. 1968년 1 · 21사태와 1월 23일의 미 해군정보수집함 푸에블로호 피랍 사건에 대해 미 CIA는 "북한이 한국군의 베트남 파병을 저지하고 베트남전을 수행하는 미국에 군사적 압력을 행사하는 것"이라는 분석을 제시했다. 실제로 1967년과 68년 2년간 휴전선 근처에서의 교전은 총 181건이며, 북한군 321명, 국군 145명, 미군 18명,

앙정보부의 지시에 의해 공군이 책임을 맡아, 공군 내에 대북 보복으로 '김일성의 목을 따기' 위한 특수임무부대로 684부대가 실미도에 만들어졌다. 창설 직후 6개월 정도는 예산도 충분히 지급되었으나 1968년 말 베트남 전쟁 종결을 선거공약으로 내세

민간인 35명이 교전 중 사망함으로써 이 시기 한반도는 "사실상 준전시 상태"였다(권혁철, "북 · 미, 전쟁과 대화의 상징에서 마주하다", 《한겨레21》(1250호, 2019.2.15).

이 시기 실제로 북한 응징의 목적으로 북파를 자원하여 임무를 수행했다는 육군 참모총장 출신의 이진삼(육사 15기, 전 자유선진당 의원)의 증언이 있다. 609방첩부대원(대위)으로 재직하던 1967년 9월 어느 날, 이진삼은 북한군 복장으로 변복하고 북한군 공비 출신 4명과 함께 휴전선을 넘어 황해도 개풍군으로 침투하였으며, 10월에도 두 차례 더 북한으로 가 33명의 북한군을 사살하였다고 한다. 이 사실은 증언이 나오기 전까지 군에서는 '응징 보복 작전'으로 명명하고 군사기밀로 취급해 왔다. 이진삼은 "66년 57회, 67년 118회에 걸쳐 무장공비 침투나 국지 도발 등 북한의 도발이 심해서 참을 수가 없었다. 당시 방첩대장이던 윤필용에게 북한으로 보내 달라. 북한군 사단장 목을 따 오겠다"고 하며 스스로 북파임무를 맡았다고 증언하였다(《중앙일보》2011.2.8). 선갑도 부대 역시 이 시기에 육군 관리 하에 만들어진 북파공작대이며, 대통령 소속 군사망사고진상규명위원회에도 북파임무를 띤 907부대에서 실종된 공작원의 진상규명 요청이 접수되었다. 이로 미루어 제대로 밝혀지지 않은 무수한 북파공작대가 육 · 해 · 공, 해병대 등 각 군부대에서 창설, 유지되었을 것으로 보이며, 앞으로 제대로 된 현황 파악과 북파공작원의 명단, 임무, 활동사항 등이 조사되어야 할 것이다.

1 · 21사태에 대한 김일성의 반응은 무책임과 모르쇠였다. 다음은 1972.5.4. 평양을 비밀 방문한 이후락 중정부장에게 김일성이 언급한 것으로 알려진 내용이다. 민병천, 「남북대화의 전개과정에 관한 고찰」, 『행정논집』 14집, 동국대학교행정대학원, 21쪽; 박건영 외, 「제3공화국 시기 국제정치와 남북관계: 7 · 4 공동성명과 미국의 역할을 중심으로」, 『국가전략』 9권4호, 2003, 83쪽에서 재인용.

"박 대통령에게 말씀드리시오. 그것은 박 대통령에게 대단히 미안한 생각이었습니다. 이 사건은 우리 내부의 좌경 맹동분자들이 한 짓입니다. 그때 나는 몰랐습니다. 그래서 보위부 참모장이며 정찰국장을 다 철직시켰습니다. … (한국전쟁에 대해서도) 과거는 과거고 다시는 남침 않겠습니다. 약속합니다."

우며 등장한 닉슨이 37대 대통령으로 취임하면서 상황이 급변했다. 닉슨이 미·중, 미·소 화해정책을 채택하면서 냉전체제의 최전선에 놓여 있던 동북아 정세에 큰 파장을 일으킨 것이다. 1969년 미국이 제시한 '괌 독트린'은, '대중 화해 정책'을 통해 미국의 동맹국인 대한민국에 대한 안보 책임을 줄여 가겠다는 닉슨 정부의 정책이었으며, 구체적으로 주한미군 철수가 가시화(National Security Decision Memorandum 48(1970.3.20)에 의해 1971년 2월 주한미군 66,000명에서 22,000명 철수)되기에 이르렀다. 박정희 정권은 닉슨 정권에 의해 대북 화해를 강요받았고, 이 과정에서 실미도 부대의 창설 목적과 임무는 폐기되었다. 중정과 공군의 무책임한 방기가 진행되면서 예산 전횡과 부대 관리 소홀이 이어졌고, 공작원들은 허기와 무력감을 느끼며 불만을 쌓아 가고 있었다.

북한은 중국으로부터 대미 협상 과정을 전달받고 기존의 대남 무력 공작보다는 서방 국가들과의 접촉을 통해 한반도 문제 해결의 평화공세 이니셔티브를 확보하고자 했다. 이 시기 미국은 대중 관계 개선, 아시아에서의 군사적 부담 경감, 대소 긴장 완화를 위해 박정희 정부가 북한과의 관계 개선에 나서기를 원했으며,

필요 시 압력도 행사하였다.[3]

미국은 1967년부터 68년까지 간첩, 게릴라의 남파에 의한 도발적 전술이 주한미군 증강과 대한 군사 원조의 증가를 초래했다는 결론에 도달한 북한이 대남 도발을 최소한으로 줄임으로써 닉슨 독트린의 적용을 방해하지 않기로 결정한 것으로 보았다(1970.2. 미 상원 외교위원회 한국문제청문회. 포터 주한 미 대사와 브라운 차관보 증언)는 견해도 있다. 이 견해에 따르면, 박정희는 북한이 대남 도발을 강화하고 있음에도 불구하고 미국이 고립주의로 돌아섰다는 두려움에서 '수세적 전술 변화'[4]를 채택할 수밖에 없었으며, 그 결과 박정희는 1970년 8·15 경축사에서 '평화통일기반 조성 구상'을 발표하면서 '남북 간 선의의 체제 경쟁'을 제안하게 된다. 이러한 일련의 과정을 통해 박정희 정권은 외견상 대북 화해 정책을 추구하는 모양새를 갖추었으며, 그 결과는 1972년 7·4 남북공동성명으로 나타났다.

---

3 박건영 외, 앞 글, 71-72쪽에서 재인용. 1969.12.19. 포터 주한 미 대사가 전 중정부장 김형욱을 만나 독일과 베트남처럼 남북한이 상호 직접 접촉과 협상을 하는 게 어떤지 의견을 묻기도 했다(From Ambassy Seoul to Department of State).

4 민병천, 「남북대화의 전개과정에 관한 고찰」, 『행정논집』 14집, 동국대학교 행정대학원, 1984, 7~29쪽), 박건영 외, 앞 글, 73쪽에서 재인용.

실미도 부대는 이러한 대외정책의 파동에서 영향을 받을 수밖에 없었다. 즉 북한의 폭력적인 도발 행태인 '1·21사태'는 박정희 정권과 그동안 '반공 국시'로 교육받아 온 한국민들에게 엄청난 충격이었고, 이에 대한 즉각적인 대응으로 실미도 부대가 창설되었으나 미국의 비협조와 자국 중심적인 판단, 그리고 닉슨 집권 이후 가속화된 대중 유화정책과 주한미군 철수 방침, 북한의 대남 전략 변화와 수세적 전술 변화로서의 남측의 대북 유화정책 추구, 박정희의 3선 욕구 등에 의해 점차 실미도 부대는 '잊혀진 부대'가 될 수밖에 없었다. 이 과정에서 창설 주체인 중정과 훈련 주체인 공군 어느 쪽도 책임지지 않는, 용도 폐기되어 '버려진 부대'로 전락한 것이 실미도 부대이다. 실미도 부대 관련 중정 문서 지원을 담당했던 국정원 관계자의 "대통령 지시 없이는 북파 못한다"는 증언[5]과 김형욱 증언[6]은 실미도 부대 창설의 최고 책임자였던 박정희가, 초기 대북 응징 지시가 자기에게 유리하지 않게 되자 재빠르게 포기하였음을 입증하고 있다.

5 2006.5.24. 수. 위원회 사무실.

6 김형욱 회고록.

1) 1·21사태와 대북응징에 대한 말, 말, 말

실미도 부대 창설은 '1·21사태'[7]의 결과물이었다. 하지만 부대 창설과 관련된 책임자들은 모두 다른 사람에게 책임을 전가하며 모르쇠로 일관하고 있다.

1·21사태 발생 직후 박정희는 전 군에 비상대기 발령을 내린 가운데 준전시 상태에서 총 14회에 달하는 '비상시국대책회의'와 '군 수뇌부 회의' 등을 직접 주재하며 "참는 데도 한계가 있다. 눈에는 눈, 이에는 이"라며 김형욱에게 대북 응징 보복 계획 수립을 지시[8]하였다. '1·21사태' 직후에 청와대 비상사태 회의석상에서 당시 국방부 장관이던 김성은은 "각하, 명령만 내리십시오. 공군기로 김일성 궁을 폭파하고 오겠습니다"라고 하였으나, 중앙정

---

7 1968년 1월 21일에 북한 인민군 124군 부대 31명이 청와대 습격과 요인 암살 지령을 받아 청와대 인근까지 침투한 사건으로, 총 31명 중 29명이 사살되고 김신조는 투항하였으며, 생존자 박재경은 다시 월북하여 총정치국 부총국장을 역임하고 2000년과 2007년에 방한하여 청와대에 송이버섯을 선물한 인물이다. 이 사태로 박정희는 수차례에 걸쳐 청와대에서 긴급안보회의를 주재하였고, 박정희의 '안보우선주의' 선언으로 이어져 노조와 민주화 운동을 탄압하는 근거와 예비군 창설과 육군3사관학교의 창설, 고등학교와 대학교에서 교련교육이 실시되는 계기가 되었다. "눈에는 눈, 이에는 이"식의 즉각적 보복조치로서 실미도부대가 창설된다.

8 대통령 비서실, [대통령 일지 및 의전일지](1968). 위원회 보고서, 208쪽. 박정희는 향토예비군 창설.

보부장(이하 중정) 김형욱은 그 자리에서 국방장관에게 "공군 보유 항공기 중 평양 폭격 후 제대로 귀환한 비행기는 하나도 없다"며 반박했고, 이는 사실이었다. 김형욱은 박정희의 환심을 사려는 김성은의 '얄팍한 아부'였다고 쓰고 있다.

김형욱은 '1·21사태' 시 북한의 대남총책이 이효순에서 허봉학으로 교체된 사실을 모르고 있었으며, 사표 쓸 각오를 하고 있던 중 정일권 총리로부터 온 전화에 응대하면서 "북한의 허봉학 콧대를 꺾어 놓고 김일성의 간담을 서늘하게 만들기 위해 우리도 뭘 좀 벌여야겠다. 무슨 결사대라도 보내서 북한 당국자들 혼구멍을 내 줄 것이다"[9]라고 하면서 자신의 카운터파트는 허봉학임을 적시하고, 이후 허봉학과의 대결을 '첩보공작 쟁패전'으로 삼아 '통일혁명당 사건'을 만들어 내기도 하였다.

박정희의 질책을 받은 중정부장 김형욱이 이철희에게 '김일성 목을 따는' 새로운 특수부대 창설을 지시하였는데, 1월 말경 과거 합참 작전국에서 상하관계였던 공군 2325부대장 유태원이 "우리 공군참모총장 체면도 생각해 달라. 다른 부대는 다 있는데 우리만 북파공작대가 없다"고 이철희에게 부탁하여 만들어지게 되

9 김형욱 · 박사월, 『혁명과 우상』 2, 210-215쪽.

었다. 이철희는 북파공작을 담당하고 있던 공작단장 윤진원에게 지시하여 공군 2325부대 내에 실미도 부대가 만들어지게 되는데, 공군이 실무를 먼저 진행시키고 차후에 중정이 문서를 내려 보내는 형식을 취했다. 이들은 비밀리에 일을 진행시키면서 통상의 공군 지휘체계를 무시하기도 하였는데,[10] 이는 차후 두 기관이 서로 책임을 떠넘기는 중요한 원인이 된다.

중정의 공작단장 윤진원은 주로 공군 2325정보부대 공작과장 정봉선과 일을 추진하였으며, 현장 실무는 김웅수가 맡았다. 위원회 면담 결과 이철희는 윤진원에게 실무를 맡겨서 자신은 잘 몰랐으며, 윤진원은 공군 2325정보부대가 알아서 했노라 책임을 전가하였고, 공군의 경우 참모총장들은 제대로 된 보고를 받지 못했다며 공작과가 비정상적임을 탓하고 있는데, 이는 관련자들의 전형적인 책임회피와 무책임과 무능을 보여주는 것이다.

김형욱[11]의 주도로 즉각 대북 응징을 위한 특수부대 창설에 나

10 김두만, 옥만호 등 공군참모총장의 공통된 주장은 "실미도 부대는 중정이 창설하였으므로 우리와는 무관"하다는 것이다.

11 실미도 부대 창설 당시 중정부장이었던 김형욱은 회고록 『혁명과 우상』에서 "보복작전을 펴기 위해 특공결사대를 조직하기로 결심했고, 대통령은 이 작전계획을 처음부터 알고 재가를 내려 주었다"고 했다. 그러나 1969년 5월 하순에 박정희에게 평양 파견 결사대 투입 준비 완료를 보고하였으나 시큰둥한 반응을 보였으며,

선 당시 중정의 공작 관련 결재라인은 담당관(윤진원, 대북공작단장)→과장→부국장→국장(이철희, 제1국장)→차장→부장(김형욱)이었고, 대북공작단에는 문관이 포함되어 있었다.

중정은 5·16 군사 쿠데타 세력이 집권 직후 정보 및 정권 장악을 위해 만든 것으로, 법적인 근거까지 만들어 철저히 정권 유지에 이용된다. 박정희 등 군사 쿠데타 주체 세력은 국가재건최고회의법("공산 세력의 간접 침략과 혁명과업 수행의 장애를 제거하기 위해 최고회의에 정보부를 둔다")과 더불어 중앙정보부법(1961.6.10.)을 만들어 "나는 새도 떨어뜨린다"는 막강한 권력을 갖고, 국내외 정보 정치의 막강한 실체로 등장하였는데, 중앙정보부는 미국 CIA[12]와 일본의 내각조사실을 그대로 모방해 만들어졌다. 중정은 국내의

박정희에게 반발한 지 몇 달 후 전격 해임되었고, 후임자인 김계원, 이후락이 실미도 부대를 해체시키지도 않은 어정쩡한 상태에서 죄인 취급을 하고, 특수부 식비마저 중간에서 떼어 먹어 공작원들의 불만이 누적되었다고 주장하고 있다. 김형욱은 박정희가 시큰둥한 반응을 보인 것이 이미 평양 당국과 비밀 교섭을 하고 있었기 때문이란 것을 나중에 알게 되었다고 말하고 있는데, 정보 수장으로서 그런 사실을 모르고 있었다는 건 무능력 내지 책임회피를 위한 핑계로 보인다.

12 이철희의 증언에 따르면 창설 당시 자문이었던 권 모 대령이 "미 CIA 같은 거 만들려고 한다"고 하길래 FBI 기능까지 갖춘 조직으로 창설되는 것에 대해서는 부정적이라고 코멘트한 적이 있고, 1966년부터 중정에서 근무했다고 밝히고 있다. 그는 미 CIA 서울 지부 인사들과 자주 만났는데 "우리에게 이래라 저래라 하지 않았다"는 묻지도 않은 사족을 달았다.

정보사항 및 범죄수사, 군을 포함한 정부 각 부 정보 수사 활동을 조정 감독하는 국가재건최고회의 직속기구이었으며, 정보부장은 정보수사에 관하여 타 기관 소속 직원을 지휘감독[13]하는 막강한 권력을 가졌다.

중정은 법률상 실미도 부대 창설과 폐지를 주관하는 주체였으며, 당시 권력의 정점에 있었던 존재로 누구도 견제할 수 없었던 조직이다. 중정에 대한 막강한 권한 부여는 정보기관의 운영에 있어서 필수적인 상호견제와 경쟁의 원칙을 무시한 것으로 그 폐단은 실미도 사건에서 여실히 드러났다. 실미도 부대 창설 과정에서 중정과 공군 수뇌부의 상호불신과 무시, 협조 부재 행태는 비일비재했다.

공군 2325부대는 2월 초 중순경, 공작과장 정봉선이 총괄을 맡

13 정보부장, 지부장, 수사관은 범죄수사권을 갖고 수사에 있어서 검사의 지휘를 받지 않는다. 정보부 직원은 그 업무수행에 있어 전 국가기관으로부터 필요한 협조와 지원을 받을 수 있다. 조직은 1국: 인사총무, 2국: 해외정보, 3국: 국내정보, 5국: 대공수사, 6국: 특명수사, 7국: 심리전, 기타: 감찰실로 구성되어 있으며, 통상 남산 사무실에서는 정치정보수사를, 이문동 사무실에서는 해외대공정보를 담당하였다. 정보 및 보안기획업무 조정 규정(대통령령, 1964.9.24. 규정 제 213호) 2조(조정사항) 6. 정보 및 보안기관의 창설 및 개폐에 관한 사항. 9조(기구 및 제도 조정) 조정 대상 기관은 정보 및 보안기관의 창설 · 개폐 또는 기능을 변경하고자 할 때에는 사전에 정보부장과 협의하여야 한다. 김충식, 『남산의 부장들』, 동아일보사, 1993.

아 장소 물색과 공작원 모집 계획을 수립하였는데, 비밀훈련을 위해 무인도에 가까운 실미도[14]를 적지로 선택, 김순웅 교육대장과 3명의 소대장, 기간병 등 10여 명을 실미도에 파견하여 부지 정리를 하도록 하였다. 공작원 모집은 김응수와 박재선 등 총 5명이 담당하였는데. 이들은 3월 중순부터 두 개 조로 나뉘어 대공분실, 경찰서 수사계 등에서 존안자료 협조를 받아 부산, 파주, 문산, 서울, 대전 등을 돌아다니며 모집을 시도하였으나, 여의치 않았다. 이에 중정의 협조로 교도소의 중형수를 대상으로 물색하였으나 법무부의 반대로 좌절되었고, 마지막으로 급하게 민간인들을 대상으로 회유와 공갈, 협박[15]을 통해 124부대와 같은 숫자인 31명을 완성시켜 실미도로 집결시켰다.

공군 2325부대에게 미리 부대 창설 실무를 진행하도록 지시한 중정은 뒤늦게 3월 7일에야 실미도 부대 창설을 지시하는 공식문서를 발송한다.

14 당시 중국인 가족이 살고 있었던 것으로 파악된다. 아들이 기간병의 총에 맞아 죽고 부대로부터 보상을 받은 후 실미도를 떠났다는 기간병 고 김방일의 증언이 있다.

15 김영자(김병염 유족) 증언, "내가 안 가면 가족도 모두 죽인대"(2020.8.23. 실미도 사건 49주기 추모제).

문서 1) 중정의 실미도 부대 창설 지시 문서
분류번호: 중해아(중앙정보부 해외공작국 아주과) 450호
시행연월일: 1968. 3. 7
날인칸: 담당-과장(3/4)-부국장-국장(이철희 서명)-차장-부장(3/7)
발신: 중앙정보부장(직인)
경유: 수신-공군참모총장
참조: 정보국장
제목: 특수공작지시
1. 특수공작에 대한 준비를 완료하고 그 결과를 보고 바랍니다.
가. 내용: (1) 활공기(8인승) 계발 및 제작
(2) 특수공작대 설치 추진
* 현역 T/O를 확보 운용할 것
(상단에 2급 비밀 도장. 조정통제번호 257 표기)

한편 미국은 한국의 대북 응징에 동참할 의사가 전혀 없었다. 1968년 '1·21사태' 때 국방장관이던 김성은은 실미도 부대 창설 배경이 됐던 '1·21사태'에 대한 질문에서 미 해군정보함 푸에블로호 납북사건에 대해 많은 시간을 할애하면서 미국의 당시 입장에 대해 다음과 같이 증언하고 있다.

1. 1·21사태 때 상황을 말해 달라.

답: 소탕에 한 달 정도 걸렸다. 책임을 지고 물러났다.

2. 청와대 대책회의[16]에서 논의된 내용은 무엇인가?

답: 1·21사태에 이어 연달아 일어난 미첩보함정 푸에블로호 납북사건에 대해 미국은 굉장히 예민했다. 미군 사령관은 "미 군함은 미 국권의 연장이다. 납치는 국가를 침입한 거다. 응징해야 한다"고 흥분해서 떠들었다. 동해에 미 항모를 띄우고, 미 사령관이 한국군에게 경계령을 내리라고 명령을 내렸다. 우리 측은 원산 일대 폭격을 대환영했는데, 며칠이 지나자 점차 수위가 낮아졌다. 이유는 푸에블로함에 해군만이 아니라 도청 기술자들, 두뇌급들이 많이 타고 있어서 이들이 북한에서 처형당한다면 미국으로서도 좋을 게 없다고 판단했기 때문이다.

3. 미국이 북한과 송환 협상을 어떻게 진행했는가?

답: 우리도 모르게 미군 측 휴전회담 대표만 나가 협상을 벌였다. 기분 나빴다. 우리에게 양해도 없이 비밀리에 한 짓이다. 나중에 포터 주한 미 대사가 우리를 납득시키느라 애썼다.[17]

16 박정희 대통령은 '1 · 21사태' 직후인 1.22-2.19까지 '비상시국대책회의'를 총 11회 개최해 회의를 직접 주재했고, 군 수뇌부와의 회의도 총 3회 주재한 것으로 확인되었다. 회의 참석자는 청와대와 행정부, 여당, 중앙정보부, 국방부 및 각 군 참모총장 등 최고 수뇌부 인사가 망라되었다. 대통령 비서실, 『대통령 일지 및 의전일지』, 1968.

17 2006.5.10. 수. 전화면담.

미국은 박정희 정권을 뒤흔든 거대 사건이었던 '1·21사태'보다 자국의 국익이 먼저라는 태도를 분명히 했다. 박정희 정권은 '1·21사태'에 대한 응징을 미국의 강경대응책에 편승하여 전개하고자 했으나 미국이 푸에블로호의 불법적인 비밀 첩보 수집을 인정[18]했기 때문에 한국 측을 따돌리고 북한과의 협상에 들어갔으며, 한국은 이 과정에서 끝까지 철저하게 배제되었다. 1945년 한반도 분할 이후 미국의 대한정책은 일관되게 '현상유지'(status-quo) 정책이었다. 미국은 한국전쟁 이후 다시는 한반도에서의 전쟁을 원하지 않았고, 미국의 국익은 한반도 분단 상태를 유지·관리하면서 미 군산복합체의 이익을 극대화하는 것으로 요약된다.

미국의 푸에블로호 사태 대응은 한국 측의 항의를 받게 되고, 미국은 무마 차 서둘러 사이러스 밴스 특사를 보내 2월 15일에 (1) 군사원조 증강 (2) 한국 예비군 무장 (3) 정례 한미방위회담 개최 (4) 북한 남침 시 미국 즉각 개입 약속 등의 내용으로 한미공동성명을 발표한다. 미국은 북한을 자극하는 행동에 반대하였고, 실

18 김형욱도 김성은과 같은 생각이었는데 그는 회고록에서 미국의 이와 같은 태도는 "배가 아까워서가 아니라 미국의 군사정보 암호체계가 송두리째 북한에 넘어가 버린 데에 심각성이 있었다. 아마 미국은 막대한 경비와 인원을 동원하여 서둘러 새로운 암호체계를 개발할 것"이라고 회고하고 있다(김형욱 회고록).

미도 부대의 1969년 10월 '백령도 작전' 불발도 미국의 반대에 기인한 것이었다.

2) 실미도부대 창설 관련자들의 말, 말, 말

김형욱의 지시를 받아 김일성 제거 북파특수부대 창설을 지휘한 이철희는 박정희와는 육사 2기 동기로, 당시 중정 8국 해외공작국장으로서 자신이 부하에게 지시하긴 하였으나, 공작단장 윤진원이 실무적인 모든 일을 처리했으며, 자신은 북한과 대화를 원한 사람이고, 실미도 부대의 최종 책임은 공군에게 있다고 공군에게 책임을 떠넘기고 있다. 이철희는 실미도 부대 창설을 애원했던 유태원의 존재에 대해서는 일체 언급하지 않고 있다.[19]

1. 실미도 부대 창설 계기는?

답: 1·21사태 직후 김형욱 부장이 "우리도 준비를 해야 하는 거 아니냐?"는 말에 공작지시를 내렸다. 각 군 공작과장을 직접 만난 적 없다. 윤진원이 만났다. 나는 대북관계에서 무력 사용을

19 2006.1.25. 수. 14:00. 남산 타워호텔 양식당.

원치 않았다. 김계원 신임 부장에게도 무력을 쓰지 말 것을 건의했고 "알아서 하라"는 말을 듣고 구두로 윤진원 공작단장에게 백령도 공작(1969.10~11월)을 중단할 것을 지시했다.

2. 실미도 부대는 중정이 책임져야 하는 거 아닌가?

답: 공군에서 적극적으로 부대 관리를 했어야 한다. 책임을 졌어야 한다. 정 힘들면 "힘에 벅찹니다. 해체해야겠습니다"라고 건의했어야 한다.

3. 군특수공작은 어떻게 이루어졌는가?

답: 공작조는 민간인이든 군인이든 팀장이 알아서 했다. 윤진원이 팀장이었고 각 군 정보담당, 공작과장과 접촉했다.

4. 실미도 부대 창설은 정당했는가?

답: 달갑지는 않았지만 당시로써는 중정이 가만있는 것도 직무유기다.

윤진원[20]은 이철희 밑에서 대북공작 총괄 실무를 담당했는데, 공군에서 먼저 특수부대 창설을 요구했으며, 공군에서 훈련비를 횡령하고 무책임하게 실미도 부대를 운영했으며, 따라서 8·23사

20 제대군인 지원센타. 2006.3.14. 화. 14:00

건의 책임도 공군에게 있다고 떠넘기고 있다.

1. 중정에서 말하는 공작이란 무엇인가?

답: 공작은 적극적인 행위. 정보 수집이 주목적이다.

2. 실미도부대 창설은 어떻게 이루어졌는가?

답: 공군 2325전대장 유태원이가 "야단났다. 살려 달라. 육·해·해병 모두 특수부대 창설했는데 우리만 없다. 우리도 현역에서 차출하여 만들겠다. 장지량 참모총장 체면도 생각해 달라"고 부탁했다.

3. 공작지시서를 보냈는가?

답: 혼자만 사인해서 보냈다(문서에는 이철희 사인 확인됨).

4. 중정 8국(해외공작국) 공작단은 어떻게 구성되고 운영되었는가?

답: 내가 단장이고 길호철, 한원걸 등 문관으로 구성되어 활동했다. 1968년도엔 최운산도 있었다. 공군에서 윤성만이 와 있었다.

한편 공군 북파특수부대 창설을 중정 이철희에게 제안한 바 있는 유태원은 자신의 구상은 단순히 '어드바이스' 차원이었다고 계속 강조하면서 실미도 부대 창설에 대한 책임을 지지 않으려고

애를 쓰고 있다.[21]

1. 실미도 부대와 관련하여 총장에게 보고한 적 있는가?

답: 총장에게 직보했다. 2~3회 한 것 같다.

2. 중정에 보고는?

답: 이철희 국장에게 일주일에 한 번씩, 한 달에 3-4회씩 올렸다.

3. 중정 공작지시서를 본 적이 있는가?(중해아 450호 제시)

답: 없다. 내가 서명한 적 없다.

4. 실미도 부대를 만든 경위?

답: 내가 68.1.21 저녁에 공작과장과 작전과장을 소집하여 특수부대 창설을 지시했다. 이철희를 만나 '공군이 글라이더와 기구를 이용하여 북침투를 하는 게 어떤가'라는 의사를 전달했고, 이철희가 김형욱에게 보고하자 아이디어가 좋으니 해 보라고 했다. 그런데 공군의 능력 부족으로 힘들고 단지 어드바이스 차원이라고 하니 김형욱이 장지량에게 직접 전화하여 해 보라고 했다. 이철희가 합참에서 작전국장 할 때 나는 과장이어서 친했다.

21 유태원, 창설 당시 2325부대장. 대령. 2006.2.8. 수.

8·23사건 직후 나에게 가짜 여권과 500불[22]을 주면서 일본에 가서 바람이나 쐬고 오라고 해서 다녀왔다. 중정이 인천 파견대장 김웅수에게 직접 지시해서 실미도 부대가 만들어졌다. 관행상 당연했다. 나는 계속 어드바이스 차원에서만 생각하고 있었다. 공군은 못 한다고 생각했다.

5. 공작계획서를 기억하는가?

답: 총 15쪽 분량이었던 것으로 기억한다.

6. 윤진원 기억하는가?

답: 중정 8국 공작단장이었다.

7. 실미도 부대 예산에 대해?

답: 창설비로 중정에서 총 760만 원[23]이 나와 김웅수에게 직접 전달했다. 공군에서 나온 예산은 한 푼도 없었다.

8. 부대원의 구성은?

답: 이철희 국장과 상의했다. 1안은 120명의 사형수, 무기수를

---

22 1968년/69/70/71 국민소득은 각각 190/240/280/310달러(세계 평균 702/757/806/866달러). "대한민국 1인당 국민소득(GNI) 추이: 1962-2016,"(ecolatte.tistory.com/2017. 11.18). 검색일 2021.5.27.

23 1968년 공무원 월급(수당 포함) 10,550원. "1960년대와 70년대 공무원 월급, 지금과 얼마나 차이 날까?,"(ggnews.gg.go.kr/2014. 12. 31). 검색일 2021.5.27.

대상으로 했다. 그런데 법무부에서 "누가 죽으려고 하겠는가"며 반대했다. 2안은 깡패를 대상으로 했다. 의정부에서 한 트럭 실려 왔다고 얘기 들었다.

9. 1968년 7월에 발생한 신현준, 이부웅 사망 사건[24]에 대해 보고 받았는가?

답: 보고 못 받았다.

10. 1970년 11월에 발생한 강간사건[25]에 대해 보고 받았는가?

답: 보고 받았다. "자체적으로 해결하라"고 했다. 나중에 김웅수가 보고하는데 새벽 4시경 동료들이 해변가로 데리고 가서 칼로 찔러 죽였다고 했다. 훈련 중 사고로 보고했을 가능성이 있다.

11. 원래 공작 계획대로 진행되었는가?

답: 아니다. 글라이더는 일본까지 가 타진했는데 비용이 너무 높아 포기했다. 기구는 30개를 만들어서 시승도 했다. 원래는 단독 임무 수행, 첩보수집과 정보·기지 촬영 등에 1~2명 정도만 양성하려고 했다. 대규모는 아니었다.

12. 실미도에는 가 본 적이 있는가?

답: 아니다. 한 번도 가보지 않았다. 전체 윤곽에 대해 어드바이

24 3장에서 후술.

25 3장에서 후술.

스만 했다.

13. 옥만호 총장과의 관계는?

답: 8·23 사태 발생 후 옥 총장이 나에게 책임 물어 진급 안 시켰다. 대령 12년까지 버텼다.

14. 김두만 총장과의 관계는?

답: 공군정보국장 시켜 달라고 했다. 실미도 부대를 정리해야 할 거 아닌가, 공작원들을 제대 또는 합법적으로 취직시켜야 한다고 건의했다. 꼭 사고 난다고 했다. 그런데 김두만은 "장지량 때 만든 것이고 공군 문제가 아닌데 뭘 신경 쓰느냐?"고 했다.

15. 실미도 부대원에 대한 호칭은?

답: 공작원으로만 불렀다. 민간인도 군인도 아닌 신분이었다. 단지 특수임무만 수행하면 되는 사람들이었다.

16. 신분에 대해 어떻게 들었는가?

답: 북파 성공 후 교관이나 장교로 임관시키는 조건을 내걸었다고 얘기 들었다. 임시적이고 이들을 끌어들이기 위한 것이라고 생각했다. 김웅수 소령으로부터 보고 받았다.

17. 부대의 지위는?

답: 인천파견대 밑에 분견대가 있었는데 209대 또는 별명 '오소리부대'로 불렸다.

18. 백령도 작전은 왜 이루어지지 않았는가?

답: 윤진원 또는 김웅수로부터 미군 첩보부대가 반대해서 취소되었다고 들었다. 이철희로부터는 들은 바 없다.

19. 중정 이철희와 윤진원에 대해 어떻게 생각하는가?

답: 사고가 나면 이철희가 윤진원을 불러 호되게 나무랐다, "이 새끼, 저 새끼" 하면서. 윤진원은 성실하고 말 없는 편이었다. 육군 중령이었고 경남 출신이었다.

당시 공군 참모총장이었던 장지량, 김두만, 옥만호는 김형욱의 요청으로 부대 창설이 이루어졌다고 주장하고 있다. 이들은 중정에 대한 공포심과 불신, 질시와 불편한 심경을 드러내고 있다.

먼저 '1·21사태' 때 공군참모총장이었던 장지량의 증언이다.

장지량(실미도 부대 창설 시 공군참모총장)

1968년 '1·21사태' 직후 전군에 비상소집이 있었다. 일주일간 조명탄을 터뜨리며 잔당을 수색했다. 김신조가 "박정희의 모가지를 베러 왔다"는 말에 화가 났다. 이틀 뒤인 1월 23일에 미 해군 함정 푸에블로호가 납북되었다. 당시 공군에서는 1개 편대, 12대의 공군기가 떴으나 영공 내로 들어가 더 이상 추격 못하고 돌아왔다.

우리 모두가 '1·21사태' 시 북이 파견한 부대 이름을 몰랐다. 김형욱이 까불고 잘난 척하며 난리치다가 북 특수부대가 들어오는 걸 몰랐다. 김형욱이 방첩망을 만들어 후방에서 경찰과 활동하게 했는데, 각 지방에 중정 조정관이 파견되어 있었고 알력이 있었다. 군대도 모르는 것들이어서.

'1·21사태' 직후 청와대에서 전군주요지휘관 회의가 열렸는데 300명쯤 모였다. 회의가 끝날 즈음 김형욱이 자리에서 일어나 "각하, 중정에서 대북 정보를 책임지겠습니다"라고 하자 박정희가 "안 돼. 국방장관이 해야 돼"라고 했다.

자리가 파한 후 박정희가 나를 따로 불러 한반도 지도 앞에서 얘기를 나누었다. 아무도 김신조 부대의 실체를 몰랐으니 답답했을 거다. 내가 "각하, 일주일만 시간을 주십시오. 김신조 부대가 어디 있는 부대인지 알아내겠습니다"라고 하고 청와대를 나와, 미5공군사령부(동경), 미국방부와 상의하여 특수비행기로 김신조부대 위치와 김일성 숙소 위치 등 탐문을 의뢰하였다. 당시 오산과 군산에 미 공군 비행기 300대가 와 있었다. 사진이 접수되자 일단 김성은 국방장관에게 보고하니, "직접 보고하라"고 하여 박정희에게 가서 설명했더니 흡족해 했다.

그런데 이철희 명의의 명령서가 공군에 접수되어서 보니 "항공사진 다 내 놓으라"는 것이었고, 정보국장 송경욱은 "저는 일 못 합니다" 하며 울고불고 난리가 났다. 김신조 부대 위치와 김일성 숙소 위치 두 가지만 골라 주라고 했다.

2월 말에서 3월 초에 김형욱이 각 군 참모총장을 소집하여 "김신조 부대를 때려 잡아야겠다. 30명 정도 부대를 제공하겠다. 5~6명 사형수도 있다. 임무 수행 후 죄를 사해 주겠다. 어느 군에서 할 것인가?"고 물었다. 김계원 육참총장은 못 하겠다고 하고 해군 역시 마찬가지였다. 할 수 있는 건 공군 밖에 없었다. 내가 "공군기를 이용해 야간 폭격으로 때려 부수겠다"고 했다. 나중에 김형욱이 중정부장을 그만 두면서 특수부대가 싹 무너졌다.

30명을 받아 교통부에 소속시키고 수색비행부대에서 야간투하훈련, 저공낙하훈련 등을 실시하였다. 2325정보부대가 관리했다. 북 침투는 못 하고 훈련만 시켰다. 차기 공군참모총장 김성룡에게 인계해 주었다. 이후 김이 계속했다. 70년 초쯤 실미도 부대가 무산, 변질된 것 같다. 닉슨의 대공산권 화해무드로 인해.[26]

---

26 2006.2.9. 목. 면담. 전쟁기념관 4층 사무실.

장지량 후임으로 취임한 김두만은 실미도 부대가 자신과는 무관한, 중정과 공군 2325부대가 직접 연계된 부대였다고 주장하고 있다.

김두만(8월 23일 사건 발생 시 공군참모총장. 사건 직후 해임. 2006.1.9. 목. 17:00 성남 비행장 골프연습장 로비)

1. 실미도 부대에 관한 보고를 들었는가?

답: 1970년 연말쯤에 실미도 부대에 관해 범법자를 모아 훈련시켰다고 보고 받았고, 중정이 공군 2325부대와 직접 연결되어 있었다고 들었다. 첫 보고 시 방치된 부대라는 느낌을 받았다.

2. 2325부대의 역할은?

답: 항공정보작전 수집·제공이 본 임무다. 실미도 부대는 엑스트라였다. 공군 기본임무와는 상관없는 특수부대로 중정과 연관되어 있었다. 사고만 안 나도록 했어야지.

3. 국방부 장관 정래혁에게 부대 해체를 건의한 적이 있는가?

답: 있다. 정래혁은 과단성과 박력이 부족하다.

4. 공군 자체 결정으로 실미도 부대를 해체할 수 없었는가?

답: 불가능했다. 중정이 시작한 부대여서. 우리는 관리· 훈련 책임만 있었다. 중정은 창설·폐지·작전 책임이 있었다.

김두만 해임 직후 공군참모총장이 된 옥만호는 위원회 면담조사 요청에 대해 "미묘한 문제다. 대북문제가 얽혀 있어서. 그 행위는 모른다. 정보계통에 있었던 사람들 데리고 가겠다…. 김두만이 총장(11대) 할 때다. 먼저 면담해라. 나는 후임자다. 국방장관 서명 들어간 공문 보내라"며 부담스러워했다. 몇 번의 전화통화와 국방부 장관의 협조 요청 공문 발송 절차가 끝난 후 사건 당시 법무감이었던 계훈분을 대동한 상태에서 대면조사가 이루어졌다.

옥만호[27]

1. 8·23 사건은 어떻게 접하게 되었나?

답: 당시 나는 공군 참모차장이었는데, 일본에 있던 중 귀국 길에 주일대사관 무관으로부터 들었다. 나는 일본 소년병 항공 출신이다. 국방장관 정래혁은 잘 모른다. 어떻게 해서 내가 참모총장이 되었는지도 모른다.

2. 실미도 사건 재판과정에 대해?

답(계): (=1970.10에 법무감으로 취임) 나는 1952년에 법무장교로 입대하고 1975년도에 대령으로 예편했다. 공작원 4명에 대해 처음

27 면담. 2006.1.4. 화, 10:00. 성남 비행장 골프연습장 로비

에는 민간인이기 때문에 재판할 수 없다, 관할권이 없다는 의견이 있었다. 당시 검찰과장은 김중권, 검사는 송인준이었다. 유한양행 앞에서 공작원들이 먼저 차 안에서 쏘았다고 하더라. 재판정에 나타난 공군 기간병 유족들이 배상문제로 난리를 쳤다. 광장에 시신을 늘어놓고서. 신경이 많이 쓰였던 것으로 기억한다.

3. 실미도 부대는 어떻게 만들어졌는가?

답: 중정부장은 '아버지 중의 아버지'였다. 대한민국 부통령 아니면 총리의 위상이었다. 실미도 부대는 막연하게 중정에서 만들었다고 생각했다. 공군 정보만큼은 독립적이고 정치적으로 판단했다.

4. 사고 원인은 무엇이라고 생각하는가?

답(계): 원래 6개월 만에 북파하기로 했는데 미국이 알아채서 못했다.

5. 8·23 사건 조사는 공군에서 했는가?

답: 아니다. 군특명검열단에서 먼저 조사 했다. 소속 요원은 모른다. 송홍려 헌병과장이 특검단에서 조사를 했다.

6. 실미도 부대에 대해 알고 있었는가?

답: 공군은 조종 작전만 하려고 했지 정보 쪽은, 정치 쪽은 난 모른다.

7. 재판 과정은 투명했는가?

답(계): 군사기밀이기 때문에 재판기록은 송치 때부터 2급 비밀로 되어 있었다.

8. 매장지에 대해 들은 바가 있는가?

답(계): 전혀 들은 바 없다.

9. 이취임식 일은 언제인가?

답: 8월 25일이었다.

10. 실미도 공작원에 대해 어떻게 보고 받았나?

답: 군인이 아니고 범법자 출신의 민간인이라고 들었다. 전과자는 맞지만 군특수범은 아니라고….

11. 국회조사도 있었는가?

답: 국회 진상조사단이 공군본부에 왔다. 당시 주영복이 장관 대행을 하고 있었고, 설명은 이형복 과장이 했다. 조사단은 "교육대 일지를 제출하라"고 했는데 지창수 대위가 다 태웠다고 했다.

12. 공군 수사는 어떻게 했는가?

답: 법무감은 검찰 역할을, OSI는 수사 역할을 했다. 계훈분과 송인준은 같은 대령이었고 직무로 서로 알고 있었다. 송인준은 말이 재미있고 정보가 빨랐다. 충성을 다 했다. 당시 공군 헌병은 초범이나 단순한 사건을 다루었고, OSI는 재범 이상 중요 사건

을 다루었다. 공군에 합동조사단은 없다. 국방부에만 있다.

공군 지휘부는 중정의 창설 책임만 계속 강조하였으며, 본인들의 책임에 대해서는 모르쇠로 일관하고 있다.

실미도 부대는 간첩 사건을 지휘 총괄하는 대간첩본부장이었던 김재명도 모르고 있었던 부대, 대통령과 중정부장만 알고 있던 부대, 공군참모총장은 소외[28]되었다고 주장하는 부대였다.

실미도 부대 창설은 중정 이철희와 공군 2325부대장 유태원의 개인 친분을 고리로 시작되었으며, 실무 책임자는 중정의 윤진원과 공군 2325부대 공작과장 정봉선을 중심으로 이루어졌고 공작원 모집 등 하부 실행은 공군 2325부대 공작과 209파견대장 김응수가 담당했다.

중정에서 실무책임을 맡았던 윤진원은 2325부대장과 공작과장으로부터 직접 보고받고 지시를 내리는 관계였다고 진술하고 있다.

1. 실미도 부대와 관련하여 평소에 보고는 받았는가?

28 2006.5.11. 리베라호텔 커피숍.

답: 정봉선으로부터 직접 받았다. 매달 25일에 각 군 합동회의가 있었는데 그 자리에서 나에게 직접 보고했다. 내가 공군 2325부대를 바로 상대했고, 부대장이나 공작과장은 나에게 바로 보고를 하는 관계였으며, 군에서 특수사업을 하면 이북과 적대행위가 일어나기 때문에 공작단장인 내가 통제하기 위해서 감독했고, 매월 중정에서 회의가 있을 때 각 군 특수공작 책임자들이 상황과 계획을 보고하면 내가 결재했다.

2. 실미도 부대에 대한 중정의 책임은?

공작원들은 공군이 알아서 처리하는 거다. 북파가 안 되면 현역군인이나 제대 등의 처리를 할 줄 알았다. 부대 창설 초기에야 북파가 최종 목적이었지만 그것도 국가가 필요해야 하는 거다. 이후락이 북한에 밀입국했을 때 목표가 없어졌다.[29]

3. 군 특수부대 현황을 전체적으로 관장했는가?

답: 내 머릿속에 다 있었다. 훤하게 꿰고 있었지.

4. 공군에서는 적어도 두 번 중정에 부대 정리 건의를 했다는데?

답: 공군이 알아서 정리해야지. 중정이 어떻게 그런 일을 하는가?

29 기억 오류 - 이후락은 1972.5.4. 밀입북.

이철희 - 윤진원으로 이어지는 해외공작국에서 공군을 담당했던 이휘윤(2005.11.2(수) 12:00. 남산 타워 호텔)은 공작원 포섭에 사기성이 농후했음을 증언하고 있다.

1. 실미도 사건에 대해 어떻게 생각하는가?

답: 실미도 사건은 슬픈 사건이고 잊어버릴 수가 없는 사건이다. 정보 프로들은 그런 무모한 짓 안 한다. 52년부터 72년까지 대북 전선공작이 있었다. 정보전이 치열했다.

2. 공작원 포섭은 어떻게 이루어지는가?

답: 포섭에는 선의의 거짓말도 필요하다. 우리가 사기도 쳤다. 북파될 경우 1인당 100만 원씩 수당이 책정되어 있었는데 실제로는 50만 원만 지급했다.

그리고 중정에서 점검반을 운영했으나 표면적인 점검만 할 뿐 정기적이고 체계적인 관리감독은 이루어지지 않았음을 알 수 있다. 계속되는 이휘윤의 증언이다.

1. 언제 실미도 부대를 방문했는가?

답: 실미도 부대 창설 후 40일이 지났을 때 점검반으로 실미도에

갔었다. 1968년 4월부터 1969년까지 1년 동안 실미도에 두 번 갔다. 당시 계급은 육군 중위였다.

2. 어땠는가?

공작원들이 자신들의 훈련 목적을 "김일성 목 따는 거"라고 해서 놀랐다. 의지가 결연했다. 부랑아, 전과자라고 했다. 훈련으로 기구 타고 가는 걸 보았다.

3. 공군 기간병들은?

답: 육군에서 1년 전에 훈련 받았다.

4. 이문동에서 실미도 부대 관련한 보고 받은 적 있는지?

답: 공군에서 열심히 보고했다.

5. 타군 정보부대/특수부대 훈련은 어떠했는가?

답: 1968년 5월부터 7월까지 대북 침투에 육군 특수부대를 써 먹으려고 했다. 6월이 적기였는데 시기를 놓쳤다. 도봉산에서 미 특수요원 지도 아래 훈련했다. 중정 이문동 광장에 트럭 2대 분의 장비가 도착했었다. 훈련 2~3주 경과 후 흐지부지됐다. 미국이 지연작전을 썼고 결국 보여주기 위한 쇼였다.

6. 실미도 훈련병들의 계급은?

답: 준위 계급이라고 보고 받았다.

7. 중정의 책임은?

답: 지휘 라인과 협조·조정·감독 라인을 구분할 필요가 있다.

8. 8·23 사건에 대해 어떻게 생각하는가? 당시 대선과 관련이 있는가?

답: 사건 종결을 조속히 한 건 진상 은폐와 연결되어 있을 것이다.

9. 공군과 실미도 부대 지휘관들과의 관계는?

답: 사이가 좋았다. 나에게 친절했다. 특히 정봉선이 기억난다. 사고 시 보고 꼭 했다.

10. 실미도 부대 운영 평가는?

답: 공군 측에 운영의 문제가 많았다. 정상적인 장교단이 부재했다. 중정도 간섭이 소홀했던 책임이 있다. 도의적인 책임은 중정이 져야 하지만 운영 책임은 공군이 져야 한다.

한편 중정 해외공작국 소속이었던 문관 송도영은 자신은 조직 내에서 왕따였으며, 실미도 부대 창설·운영과 관련하여 한 일이 거의 없다는 입장이다.[30]

난 문서수발만 했다. 심부름만 한 격. 모든 건 군발이들이 했다.

30 2005.12.31. 8:30 전화통화.

특히 특수부대 관련은 나 같은 민간인에게 알려주지 않고 자기들끼리 했다. 정보업무를 자기들끼리만 똘똘 뭉쳐서 했다. 나는 신문기사 오리기 등 정보 분석만 했다. 1968~69년쯤에 이휘윤이 왔다. 그가 주로 담당을 했고 나는 잠깐 잘못해서 군을 담당했다…. 특수공작 팀이란 게 아무한테나 얘기할 게 아니다. 군 출신끼리만 알고 했다. 나는 아웃사이더였다. 군 출신들이 민간인 사무관을 '똥개'라고 불렀다. 국내정치, 해외공작 모두 군 출신이 쥐락펴락했다. 이철희가 해외공작 전체를 관장했다. 윤진원이가 군 담당 팀장이었다. 당시 육군과 해군을 정근화가 맡고 있었고, 공군은 이휘윤이 맡고 있었다. 나만 민간인이었고 '왕따' 당했다. 당시 중정은 특수부대를 장악, 훈련시킬 손발이 없었다. 특수군 부대 창설 지시는 고위층에서 이루어졌겠지. 실미도 부대 건은 중정 업무 중 극히 일부분에 불과했다.

공군 문관이었던 한원걸[31]은 군 출신 이휘윤의 지시를 받아 일을 처리했으며, 역시 공군 문관이었던 길호철[32]은 공작원 모집 시

31 공군 문관, 83년 전역. 전화면담.

32 인도네시아 거주, 국제통화.

중정 패찰을 사용했다고 증언하고 있다.

실미도 부대 창설 책임이 중정에 있다는 판단 하에 위원회는 실미도 사건 공동(합동) 조사를 제의[33]하였다. 그러나 국정원 측으로부터 합동조사는 어렵고 자료제공 등 상호협력(협의)하는 걸로 하자는 의견이 전달되어 국정원 직원을 국방부로 비정기적으로 파견하는 형식으로 조사 업무가 진행되었다. 2005년 10월 26일에 문서 담당자가 처음으로 관련 자료를 휴대하고 위원회를 방문하였는데, 007가방에 실미도 부대 관련 문서를 담아 와서는 열람만 하게 했고, 복사할 수 없다고 강조했다. 담당자는 하루 종일 문서를 지키고 앉아 있어서 조사관들은 "잠깐 두고 화장실이라도 다녀 오라"는 웃픈 농담을 건네기도 했다. 관련 기록은 눈으로만 확인 또는 중요 부분 필사만 가능했고, 문서 복사와 정식 인수 등 여러 제안에 대해 모두 거부 입장을 밝혔다. 사건 조사는 위원회가 하고 국정원은 의견을 개진하는 것으로 결론짓고 조사를 진행시켰는데, 보안선서를 전제로 이철희 증언이 가능하다는 답변을 들어 면담을 진행하기도 했다. 국정원은 2006년 7월, 실미도 사건 보고서 공식 발표 시 중정의 책임 언급 부분에 대해 강하게 반발

33 2005.9.26. 과회의 결정, 위원회 안건으로 회부.

하는 해프닝을 연출했다.

문서 담당자는 업무협조 초기 "실미도 부대 창설 당시 중정은 시스템에 의해 제대로 기획·결정·집행한 것이며, 공군이 미숙해서 문제가 발생했다. 장교도 아닌 중사가 훈련 시 교육대장을 하고, 훈련병 모집 시 군 또는 수감자가 아닌 민간인을, 그것도 옥천 같은 한 지역에서 떼로 모집한 것은 공군의 잘못이다"[34]라고 입장을 피력하였는데, 과거 중정과 현재 국정원 소속 구성원이 동일한 입장을 보이는 것이 신기할 따름이다.

8·23사건 시 공군 정보국장이었던 이주표[35]는 실미도 부대 존재 자체에 대해 부정적이었다.

1. 실미도 부대 해체를 건의한 적 있는가?

답: 김두만 총장에게 두어 번 했다. 김재엽으로부터 사고 관련 보고를 받고 난 후였는데, 나는 즉흥적으로 31명을 가지고 부대를 만들었다고 생각해서 실미도 부대에 대해 비판적이었다.

2. 실미도에 간 적이 있는가?

34 위원회 조사실, 2006.4.7. 금.

35 8·23 사건 시 공군 정보국장. 준장. 2006.4.12. 수. 공군회관.

답: 한 번 갔다. 비 오는 날이었는데 공작원들이 무료하다고 해서 목재 실어다 체육관 지어 줬다. 공작원들이 기술이 있어서 금방 만들 수 있었다. 실미도에 있을 때 이철희로부터 전화가 와서 귀대하면서 중정으로 간 기억이 있다.

3. 8·23 때의 상황은?

답: 낮에 헬기로 공본에서 출발, 오류동을 들러서 실미도로 갔다. 오후에 중정에 들어가 이철희를 만나 "내가 다 책임지겠다. 공군에서 일어난 일이니까 내가 책임진다"고 했다. 그 자리에 윤진원이 있었는지는 잘 모르겠다. 윤진원은 잘 모른다. 이철희는 강요하지 않았다. 분위기는 험악하지 않았다.

4. 실미도 부대가 필요하다고 생각했는가?

답: 그런 생각을 갖고 있다면 한탕주의다. 나는 파일럿 출신이다. 정보맨이 아니다. 공군 정보는 전술 정보여야 한다. 쓸데없는 곁가지 정보는 필요없다.

5. 실미도 부대 창설의 주역은 누구라고 생각하는가?

답: 유태원, 정봉선이가 중정과 짝짜꿍이 맞아 일을 진척시켰다. 이들은 중정과 거래가 많았다. 두 명이 공작은 잘 했는지 모르지만 한 게 뭐 있냐? 중정1국과 우리(공군) 2325부대가 다이렉트로 거래했다. 특수성 때문이라고 했지만….

6. 예산은?

답: 공군 정보부 계획과에 예산 관련 자료가 있을 것이다. 유태원, 정봉선이가 나에게 "공군에 할당된 예산을 갖고 융통성 있게 운영했다"고 했다. 중정이 정보비 내려 보낼 때 원천적으로 떼어먹었을 가능성이 있다.

7. 실미도 부대의 책임은 누구에게 있는가?

답: 공군에 있다.

8. 국회진상조사단이 방문한 적이 있는가?

답: 공군본부에 왔다. 당시 OSI 장학용이가 담당했다. 장소 제공 등.

9. 8·23사건 직후 공군 대책은?

답: 부하들과 대책회의를 했으나 별로 할 수 있는 일이 없었다.

10. OSI는 어떤 조직인가?

답: 공군 감찰부의 통제를 받는 조직이다.

11. 8·23사건에 대한 기억과 처리는?

답: 유한양행 전무 연만희가 내 친구다. 사건 직후 부하 상사에게 지시, 오류동쯤에서 저지시키려 했으나 이미 통과해 버려 실패했다. 사건 처리는 중정과 연결 지어지지 않기 위해, 개인적으로도 사회적으로도 국가적으로도 비화시키지 않고 축소시키기

위해 노력했다. 조금이라도 조용하게 마무리 지으려고 했다. 알면 알수록 겁이 났기 때문에.

12. 청와대 대책회의는 어떻게 진행되었는가?

답: 공군에서 김영환이 참석했다. 당시 분위기로서는 8·23 사건 처리에 대해 중정이 굳이 말하지 않아도 알아서 기었다.

13. 책임을 느끼는가?

답: 도의적 책임을 느낀다. 총장 보좌하는 정보참모로서 보필을 잘 못해서.

14. 실미도 부대를 어떤 부대라고 생각했는가?

'김일성 목 따는 부대'로 알았다. 부대원 중에 범법자가 있다고 들었다.

그는 면담을 마치고 일어서는 우리 조사관들을 향해 뒤에서 큰 소리로 떠들었다. "거 진상규명이 제대로 되겠어? 100년 뒤에나 가능하지 않겠어?"라고. 맞다, 무책임한 자들이 가해자의 편에 서서 자기 잇속만 챙기는 한 과거사 청산은 100년 뒤에도 가능하지 않을 것이다.

2. 모집

"국가를 위해 목숨을 바칠 수 있는가?"

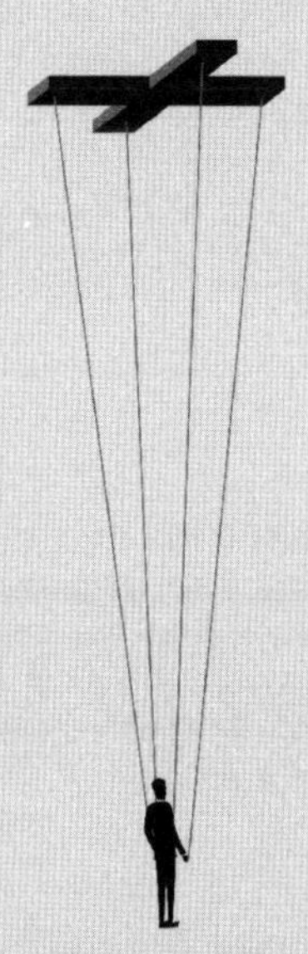

실미도 부대 공작원 모집은 공군 2325정보부대 공작과장 정봉선 중령이 총책임을 맡고, 김응수 소령이 공작계획관이 되어 자신과 문관 박재선 등 두 팀으로 나누어 진행하였다. 1968년 3월 11일부터 4월 14일까지 진행된 모집은 처음에 일부 우범지대를 중심으로 대상을 물색하다가 여의치 않자 중정의 지원으로 부산, 광주, 전주, 대구 등의 교도소 재소자를 물색했으나 법무부의 반대[36]로 역시 난관에 봉착하였다. 시간이 촉박해지자 이들 모집관들은 경기도 파주와 문산, 그리고 대전과 옥천, 서울 인근 등에서 급하게 공작원을 모집하기 시작하였다.

모집 대상은 주로 전쟁고아, 무연고자 등으로 미군 부대, 한국

---

36 유태원(2006.2.8. 위원회), "중정의 이철희에게 첫 번째 물색 대상으로 사형수를 포함한 중형수를 선발하는 것으로 건의한 후 법무부에 의뢰해 보니, 당시 사형수가 120여 명이라고 통보해 왔으나 이후 법무부가 사형수들은 형 집행 이후 유가족에게 시신을 인도해야 하는데 특수부대에 선발되면 시신을 찾을 수 없어 사회적 문제가 된다며 반대하였다"고 증언하였는데, 이는 영화 〈실미도〉의 주인공이 사형수 신분이었음이 허구임을 증명한다.

군 첩보부대 인근이나 기지촌 주변에서 살아가는 남성으로 채워졌으며, 모집 마감이 임박하자 초등학교 동창인 7명의 옥천 청년 등으로 급하게 채워졌다. 주 임무는 '김일성의 목을 따 오는' 것이었으며, 대우조건은 (1) 3개월 내지 6개월간의 훈련 (2) "월급 600불"[37] (3) 신탄진 담배 지급 (4) 훈련 종료 후 소위 임관 (4) 임무 수행 후 미군 부대 등 취직 알선[38] 등이었다. 모집된 공작원은 주로 20대의 청년들이었으나 30대[39]와 40대 군 복무경력자[40]도 포함되어 있었다. 김두만은 이들이 '민간인 신분 범법자'였다고 증언하고 있는데, 신분장 확인 결과 몇 명은 전과가 있는 것으로 나타났다.

---

37 당시 환율로 한화 16만 원에 해당하며 공무원 월급이 1만 원이었음에 비추어 공무원 연봉 수준의 월급을 의미한다(SBS, 〈꼬리에 꼬리를 무는 그날 이야기-실미도 편〉, 2021.3.18. 방송).

38 정봉선(2005.12.1. 위원회).

39 김창구의 경우 모집 당시 만 35세였다. 17년간 곡예단에 있었고 1958년부터 1961년까지 육군 1106 야전공병단에 배속되어 군복무를 마쳤으며, 입대 당시에는 3명의 자녀를 두었던 것으로 확인된다(〈김창구 피의자 신문조서〉, 『재판기록』). 박원식의 경우도 모집 당시 32세로, 1961년 경 군복무를 마치고 고향인 전남 영광으로 가 부친을 도우며 생활하다가 "서울 간다"며 나간 후 소식이 끊겼다(동생 박남식 증언. 2021.5.24).

40 가장 연장자였던 심보길의 경우 1927년생으로, 모집 당시 만 41세였다. 그는 황해도 연백 출신으로 한국전쟁 때 월남하여 경기도 파주에 있던 KLO부대, 미군 부대 등에서 복무하면서 북파임무도 수행했던 덕에 돈이 많아 가정을 꾸린 후에도 흥청망청하게 살았고, 실미도 부대 입대 직전, 여러 사람에게 심하게 매를 맞고 들어와 "노름 빚 갚을 목돈 벌러 간다"며 집을 나간 후 연락이 끊겼다(아들 심규범 증언, 2021.3.10).

31명은 '1·21사태'를 일으킨 북한의 124군 부대의 31명과 같은 숫자로서, 모집관들은 마지막까지 이 숫자를 지키고자 애썼으며, 신현준·강신옥·윤석두 등 마지막으로 입도한 3명은 부대 창설식이 임박해서 들어와 제대로 된 인적사항도 남아 있지 않다.

모집관들은 공작원 모집 과정에서 일체의 숙식비, 주대, 이발비, 목욕비 등을 부담하였으며, 대전에서 모집된 공작원들의 경우, 서울발 특급열차를 타고 서울역에 내려 인천으로 가 1박 한 후 실미도에 가는 공군 배를 타고 1968년 4월 14일에[41] 입도하게 된다.

모집관들은 파주와 문산에서 7명,[42] 대전에서 11명,[43] 옥천에서 7명,[44] 서울·경기에서 3명,[45] 기타 3명[46] 등을 여러 차례에 걸쳐 실미도로 입도시켰다. 동네 친구들이었던 옥천 출신과 이영수·윤

41 임성빈과 김창구는 4월 14일, 이서천은 4월 15일로 기억하고 있다.

42 윤태산, 정은성, 이영수, 전균, 심보길, 박원식, 이부웅.

43 1차-김창구, 임성빈, 이서천, 김용환, 김종철, 박웅찬, 조석구, 전영관/ 2차-장정길, 이명구, 황철복.

44 김병염, 김기정, 김봉용, 정기성, 박기수, 이광용, 장명기.

45 장성관, 강찬주, 임기태,

46 신현준, 강신옥, 윤석두.

태산·정은성·장정길 등 파주 용주골 출신[47]을 제외하면 대부분 서로 초면이었다. 이들은 각자의 모집지역을 따라 서로 '파주패' '대전패' '옥천패'라고 불렀다.

총 31명의 입소자 중 아직까지 신원이 확인되지 않는 사람은 이영수, 윤태산, 임기태, 황철복, 박응찬, 정은성, 신현준, 강신옥 등 8명이다. 유가족이 나타나지 않는 것으로 보아 이들은 전쟁고아나 사고무친이었을 가능성이 높다.

당시 육군과 해군, 해병대도 각각 북파공작원을 양성하고 있었는데, 다음은 실미도 부대와 유사한 '김일성 제거' 임무를 띠었던 육군 907대 소속 생존 북파공작원의 증언이다. '국가'란 이름으로 한 개인이 어떻게 특수공작에 모집되고 훈련받으며, 어떤 임무를 수행하고 어떤 보상을 받는지, 이후에 어떻게 버려지는지를 고스란히 보여주고 있다.

김호달(이두범 실종 사건(9965부대 전사 확인서) 관련 참고인. 2019.6.19. 경상북도 동해시 자택 면담)

1. 출생 연도는?

47 고 김방일 소대장 면담(2005.4.6.) [실미도 TF 보고서].

답: 정확히 모른다. 46년생인지 49년생인지. 전쟁고아여서 호적도 군대 가서 만들었다. 입대 전 이름도 다르다. 그때는 편정섭이었다. 1983년도에 KBS 이산가족 상봉 프로그램을 통해 생모를 만나 이름을 바꾸었다. 고아원에서 자랐다.

2. 이두범은 어떻게 아는가?

답: 포천군 연북면 운천리 한 동네서 같이 살았다. 당시 유엔군 태국 부대가 주둔하고 있었다. 나는 10살 때부터 부대 하우스보이를 했다. 이두범은 12살 때쯤 만났다. 이두범 집이 어려웠던 것 같다. 집에 놀러 가기도 했다. 태국 부대에서 남은 음식이 있으면 깡통에 담아 집으로 가져가기도 했다. 형제가 많았다. 부대에 하우스보이는 5명 있었다. 이두범은 부모가 있었다. 907대에 같이 들어갔다.

3. 907대는 어떻게 들어가게 되었는가?

답: 18세 때 여름(67년)에 우리가 태국 부대를 나오는데 정문 앞에서 사복 차림의 물색조가 우리에게 접근하여 "다방으로 가자. 청와대에서 나왔다. 잘 들어 봐라. 나라에서 시키는 임무를 성공시키면 남부럽지 않게 살게 해 주겠다. 집도 사 주고 취업도 시켜준다"고 하면서.

4. 무슨 일인지, 어떤 부대인지 알았는가?

답: 우리가 "그게 무슨 일이냐?"고 물었지만 "나중에 훈련받으면 알게 된다"고만 했다. 특수임무라고만 했지 구체적인 언급은 하지 않았는데, 나중에 특수임무란 '김일성 모가지 따오는 거'라고 했다.

5. 아는 사람들이었는가?

답: 모른다. 내가 고아여서 호적도 없고 군대 안 가도 됐는데 그걸 알고 접근한 것 같더라. 내 이름을 알고 있었다.

6. 상대방의 신분증 등 확인 작업을 했는가?

답: 못했다.

7. 누구랑 함께 갔는가?

답: 차에 같이 타고 간 사람은 이두범, 김성길, 홍연식, 신동철이었다. 홍연식은 임무 수행 후 사회에 나와 살다가 자살했고 신동철도 자살했다. 김성길은 소식을 모른다.

8. 어디로 갔는가?

답: 영등포구 양평동 해태공장 옆에서 훈련 받았다.

9. 얼마 동안이었는가?

답: 군사교육을 4주간 받았다. 기본훈련을 포함하여 제식훈련, 총검술, M1소총 사용법 등.

10. 총 몇 명이었는가?

답: 50명이었다. 동기 중 16명만 살아남았다. 대부분 북파 시 사망하거나 사회에 나와서 자살했다.

11. 이두범은 자발적으로 갔는가?

답: 그렇다.

12. 가족들은 알고 있었는가?

답: 몰랐다. 입대 시 철저히 보안에 부쳤다.

13. 이두범 사망 소식은 들었는가?

답: (전사통지서에는 71년 4월 26일 전사로 기록) 68년 4월 17일이 맞을 것이다. 후배 조교가 알려 주었다. 수색조로 혼자 북파되었다가 미귀환했다고 했다.

13. 훈련 후에는?

답: 청계산 안가에 5명씩 거주시켰고 북파 임무를 주면 수행했다.

14. 북파임무는 몇 번 수행했는가?

답: 4번 했다. 화천, 오성산을 통해 북으로 갔다. 15사단 구역이다. 가서 인민군 30명을 사살하고 사진 촬영을 해 왔다. 첫 임무 수행 후에 충무무공훈장을 받았고, 귀가와 휴가, 외출, 외박 등이 자유로웠다.

15. 월급을 받았는가?

답: 52개월 동안 못 받았다.

16. 계급은?

답: 없다. 하사 3호봉으로 되어 있었다.

17. 이후 임무는?

답: 안가에서 후배들 교육시켰다. 북한 내 주요 건물들 사진 촬영 방법과 인민군 살해 방법 등.

18. 어떻게 그만 두게 되었는가?

답: 1972년 1월 29일. 과장이 아무 이유 없이 폭행하면서 나가라고 했다. 과장에게 맞아 갈비뼈가 부러졌다(상처 보여 줌). '구로공단 갱 사건' 시 잡혀 들어가 무조건 구타당했다.

19. 특수임무수행자 보상은 받았는가?

답: 총 2억 3천만 원 받았다. 국가유공자 5급으로 월 160만 원을 받고 있다. 보상이 충분치 않다. 이두범 가족에게도 훈장과 적절한 보상을 주면 좋겠다. 우리 같은 사람들 보상금을 보상단 놈들이 다 떼어 먹었을 거다. 군대는 안 갔는데 군번은 있다(기록상 입대와 제대 시기가 다름).

다음은 북파공작원 남편을 평생 옆에서 지켜봤던 부인의 이야기이다.

남편은 못 배웠다. 학력이 전무하다. 글도 잘 몰라 내가 보상 신청 내용을 정리했다. 그 과정에서 구체적인 내용을 알게 됐다. 그 전까지는 말 한마디 안 했다. 국가는 내 남편을 소모품으로 처리했다. 배운 게 없어서 위에서 다 떼어 먹었다. 요즘도 밤에 남편은 악몽을 꾼다. 소리를 지른다. 옛날 기억 때문에 그런 것 같다. 대구보훈병원에서 2016년 12월 12일에 상세불명의 우울 에피소드라는 병명을 진단받았다. PTSD로 추정되는데 의욕저하, 감정조절 이상, 불면증 등의 증상이 있다. 남편 때문에 두 딸과 함께 가정생활이 힘들었다. 다행히 아들이 아니라 딸들이어서 가정이 유지된 것 같다. 두 손자를 내가 키우고 있다.

이 증언은 북파공작원 남편으로 인해 온 가족이 불행한 삶을 살아내야 했던 생생한 기록이다. 이들에게 '국가'란 무엇일까?

3. 유린

"운동선수 규칙 위반",
"깨지는구나"

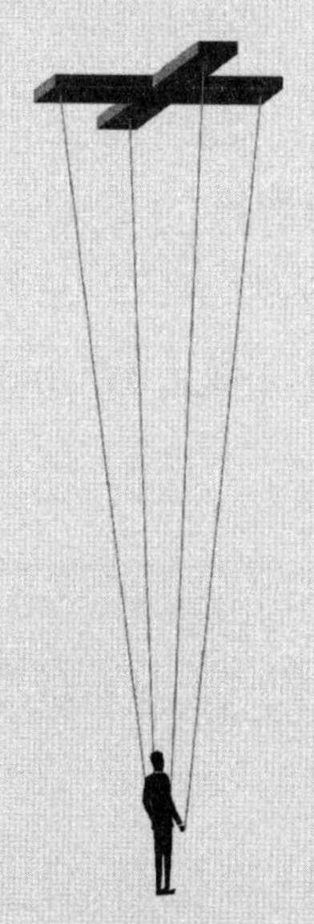

공작원들이 기억하는 실미도 부대의 부대명은 '중앙유격사령부 684 특공교육대'였다.[48]

공군에서는 2325부대 209파견대로 명명하였고 별명으로 '오소리 부대'로 불리기도 했다. 창설 초기 부대장 유태원과 공작과장 정봉선이 중정에 직접 보고하고 예산을 타 내면서 틀을 만들고 김응수가 공작원 모집 등 실무를 담당하였는데, 유태원과 정봉선은 1968년 말에 교체가 되었으나, 김응수는 1970년 11월 '강간사건'이 있을 때까지 209파견대장으로 장기간 재직하면서 실미도 부대를 사실상 좌지우지했다.

2325부대 공작과는 1968년 4월 실미도 부대 창설을 목표로 3월부터 실미도에 교육지를 정하고, 4월 20일경까지 수차례에 걸쳐

48 사형수 임성빈, 이서천, 김병염, 김창구 증언. 공군 법무감실, 『실미도사건 재판기록』(이하 『재판기록』).

각지에서 모집된 인원 31명을 실미도에 집합시킨 후 5월 1일[49]에 2325부대 정봉선이 사령관으로, 중정의 공군담당 이휘윤 등이 참석한 가운데 창설식을 갖고 교육훈련을 시작하였다.

1968년 5월 1일 부대 입대식[50]에서 중앙유격사령부 사령관으로 등장한 공작과장 정봉선은 공작원들에게 "훈련 시 도피나 탈출 또는 부주의로 인해서 사고 유발 시는 자살 행위로 간주한다." "배신자가 생길 경우 동료들에 의해 처형된다." "국가와 민족을 위하여 죽음으로써 이 몸을 바친다"[51]는 선서를 하게 하였으며, 김웅수 등 현지 부대 지휘관들은 사고가 발생하면 지시를 내려 동료 공작원들이 처리하도록 했다. 이로 인해 최초 모집 31명의 공작원 중 훈련 중, 7명이 사망하여 1971년 8·23사건 시 생존자는 24명이었다.

7명의 사망자는 중정의 지휘 책임 회피와 공군의 직무유기, 불

---

49 중정 공군 담당 이휘윤은 창설식을 5월 10일이라고 증언하고 있다.

50 부대 관리자들은 가명을 쓰고 계급도 올려 썼는데 당일 참석자는 정봉선(2325부대 공작과장, 가명 전봉수, 중령에서 준장으로 속임. 684부대 사령관), 김웅수(김호. 소령에서 중령으로 속임), 박부장, 하부장, 기간요원 10여 명, 사복착용 중정요원 2명 등이었다. 교육대장 김순웅 상사는 대위로, 각 소대장 중사는 중위로 가짜 계급 사용.

51 임성빈, 이서천, 김병염, 김창구 피의자 진술조서, 『재판기록』.

법 처형 등에 의해 발생하였다. 한총[52]은 "당시에는 즉결처분권이 관례여서 처리 후 사후 보고했다. 무적자였으므로 처리할 수 없었다"는 궤변을 늘어놓았다.

실미도 부대 지휘라인은 국내외 정세에 따라 계속 변경[53]되었으며, 실미도 현지에서 직접 부대를 지휘한 담당자는 다음과 같다.

〈파견대장〉

1968.5~70.10	소령 김응수(71.4. 제대)
1970. 11.16~71.8.25	소령 한총(8·23사건 시 직무유기로 구속, 징역 6월에 집행유예 2년)

52 8 · 23사건 시 209파견대장.

53 중앙정보부 : 김형욱(63.7.12~69.10.20)→김계원(69.10.21~70.12.20)→이후락(70.12.21~73.12.3)
국방부장관: 최영희(68.2.28~68.8.25)→ 임충식(68.8.25~70.3.10)→ 정래혁(70.3.10~71.8.25. 8 · 23사태로 해임)
공군참모총장: 장지량(66.8.1~68.7.31)→ 김성룡(68.8.1~70.7.31)→ 김두만(70.8.1~71. 8 25. 8 · 23사태로 해임)
공군정보국장: 손경욱(67.3.1~69 2.1)→ 이주표(69.2.1~71.8.26)
공군 2325부대장: 유태원(67.3.1~68.12.25)→ 김용진(69.7.25~70.9.1)→ 김재엽(70.9.1~71.8.25. 8 · 23사태 시 해임, 직무유기로 구속, 선고유예)
공작과장: 정봉선(67.7.31~68.12.25)→ 김원(68.12.25~70.3.9)→ 이형복(70.3.9~71.8.25. 8 · 23사태 시 직무유기로 구속, 공소취소)

〈교육대장〉

1968.5~71.8 상사 김순웅(8·23사건 시 피살)

〈A조 소대장〉

1968.5~70.8 중사 박용우(70.8. 제대)

1970.8~71.8 중사 김방일

〈B조 소대장〉

1968.5~70.3 중사 도해수(70.6. 제대)

1970.3~71.4 중사 송석주(수색 파견대)

1971.4~71.8 하사 안인기(8·23사건 시 피살)

〈C조 소대장〉

1968.5~71.4 중사 김이태(낙하산 교육대)

1971.4~71.8 하사 김종화(8·23사건 시 피살)

김응수, 한총 등 209파견대장은 인천 807파견대에서 근무하면서 실미도에는 거의 발걸음을 하지 않고 교육대장 김순웅에게 훈련을 일임하였는데, 김순웅은 주말에 외출하는 일이 잦았고, 몇 개월씩 필리핀, 오키나와 등으로 해외 훈련 교육을 떠나 부대를 자주 비웠던 것으로 기간병들은 기억하고 있다.

124부대를 능가하는 인간병기로 만들기 위해 훈련은 빡빡한 일정으로 가혹하게 진행[54]되었다.

교육대장 김순웅은 배치되는 기간병들에게 공작원들이 모두 무기수, 사형수이며 '인간 쓰레기들'이라고 교육시키면서 기선 제압을 하지 않으면 당하게 될 것이므로 철저히 위계를 유지하여 감시· 통제하라고 지시하였다. 이에 따라 기간병들은 실탄을 장전한 채 일대일 밀착 감시를 하였으며, 공작원들은 화장실에 갈 때도 기간병이 따라 왔고, 기간병 한상구는 "나이 불문, 기간병이 공작원에게 반말로 대하였고, 공작원들이 사실상 사람 대우를 받지 못했다"고 진술하고 있다.

황석종[55]은 김순웅에 대해 "기간병이나 후보생 모두에게 '악질'로 평가받았다. 한 번 기합을 넣으면 한 사람마다 빳다 10여 대씩 때리는데 기간병보다 후보생에게는 평소 더 심하게 기합을 넣는 등 군기가 굉장히 엄한 것만은 사실인데, 후보생들로부터 좋지 않은 인상을 받고 있었다. 3년 4개월 동안 외출·외박 및 부대 내에서도 자유자재로 돌아다니지 못하게 하고, 급여도 일전 한 푼

54 새벽 4시 30분 기상, 밤 10시 취침까지 각종 무술, 유격, 사격, 정찰, 침투훈련 등 빡빡한 일정이었다. 위원회, 『실미도 보고서』, 228~230쪽.

55 황석종 진술조서, 『재판기록』.

주지 않았다. 본인 생각에도 후보생들은 인간대접을 못 받았다"고 진술하고 있다.

조대희도 김순웅이 "(백령도 침투 작전 취소 이후 공작원들의 훈련 축소 요구에 대해) 훈련도 작전인데 쓸데없는 소리 한다고 묵살하고 기합을 주었으며, 신분상의 대우를 해 달라, 시신연락을 하게 해 달라는 것을 하나도 이행하지 않았고, 서신 검열을 하여 발송치 않은 사실이 있다. 공작원들은 김순웅이 수시로 물품 구입을 독단적으로 함으로써 자기들의 급여를 교육대장이 임의로 사용하는 것이 아닌가 의심"[56]하였다고 증언하고 있다.

기간병 안지근은 "평상 시 야외훈련을 나갈 때도 기간사병 10여 명이 대열 양 옆과 뒤를 따라 가면서 도망가는 것을 항시 살피면서 감시"했으며, 파견대장이나 선임자가 "A조의 눈치가 이상하다, B조의 공기가 이상하니 감시를 철저히 하라"는 등 주의를 주었다고 증언하고 있다. 기간병들이 증언하는 바, 실미도부대 훈련장은 무조건적인 상명하복과 일방적 구타와 가혹행위, 감시 등이 일상적으로 이루어진 인권침해의 현장이었다.

기간병 김정현은 훈련병들은 "자치제 비슷하게 운영되어 조원

56 조대희 진술조서, 『재판기록』.

한 사람이 잘못을 저지르면 단체기합이 가해졌는데, 교육대장이 직접 하는 경우도 있었고, 소대장이 하는 경우, 그리고 각 조 조장이 나서서 대원들을 때리도록 조정하는 식"으로 군기가 엄했다[57]고 진술하고 있다.

1) 공작원 피살 및 기타 사망 사건

(1) 이부웅, 신현준 피살 사건

최초의 공작원 구타 사망 사건은 1968년 7월 10일에 발생하였으며, 부대 이탈로 인한 것이었다. 다음은 기간병의 목격담이다.

> 무의도에서 실시된 야간 독도법 훈련에서 2인 1조로 편성되어 훈련을 마치면 무의초등학교 운동장에 04:00까지 집결하게 되어 있었으나 A조 부조장이던 이부웅과 A조원 신현준이 나타나지 않았는데, 주민의 신고를 받은 교육대장 이하 기간병들이 민가에 숨어 있는 이부웅과 신현준을 포박하여 부대로 끌고 왔으며, 7.11. 12시경 A조 소대장이던 이○○ 소위가 교육대장에게 보고

57 김정현 진술조서, 『재판기록』.

한 후, 본인 입회 하에 공작원들에게 아카시아로 만든 천막봉 몽둥이를 한 개씩 들게 하고 포복한 2명을 죽을 때까지 때리도록 명령을 내려 물을 끼얹어 가며 구타한 결과 절명하게 하였다. 공작원들은 입교 시 선서, 즉 "훈련 중 도피나 탈출 또는 부주의로 인해 사고 유발 시는 자살행위로 간주한다"[58] "훈련 중 동료 한 사람의 잘못이 있으면 동료들끼리 처리하여 죽음으로써 이 몸을 바친다"[59]고 증언하고 있다. 재판 등 합법적 절차 없이 훈련생을 절명케 한 지휘부에게 책임을 물어야 한다. 이 두 명의 시신은 사격장 밑에 묻혀 있다가 70년 8월에 발생한 후술하는 윤태산 사건 발생 직후 윤태산의 시신과 함께 디젤로 화장하여 바다에 버려졌다.

(2) 조석구 익사 사건

조석구는 1969년 8월 22일 수영 훈련 중 익사하였는데, 당시 사건 관련자인 김이태는 사고사일 가능성을 주장하고 있으나, 공작원 김창구 증언에 따르면 기간요원의 보호조치 불이행으로 인한

58 임성빈 피의자 신문조서, 『재판기록』.
59 김창구 피의자 신문조서, 『재판기록』.

유기치사 가능성이 높다.

김창구는 수사에서 조석구가 수영 훈련 중 중무장한 채로 물에 빠져 죽었는데, 조석구가 힘에 겨워 물속에서 들락날락하는데 김이태가 "몽둥이로 때려죽이겠다"고 고함치자 그만 물속에서 꼴깍꼴깍하다가 죽고 말았다고 진술하였다.[60] 반면 훈련 담당자였던 김이태는 "수영 훈련 중 20미터쯤 떨어진 곳에서 조석구가 힘들어 하는 것 같아 보여 '괜찮냐'고 물었더니 '괜찮습니다'라고 하여 그런 줄 알고 잠시 다른 곳을 보고 있는데, 갑자기 '소대장님'하는 소리가 들려 쳐다봤더니 조석구가 물속으로 가라앉고 있었고, 구조하기엔 이미 늦어서 손을 쓸 수가 없었다. 이 과정에서 조석구에 대한 강압 행위는 없었고, 조총을 쏘아 부대장으로 성대히 장례를 치렀으며, 실미도 남단에 매장했다"[61]고 진술하고 있다.

공작원들이 살아 있었다면 훈련 중 보호조치 소홀, 유기치사로 징계를 받았을 것이며, 위 김이태의 증언은 자기중심적인 해석과 무책임한 변명으로, 위원회는 법적으로는 유기치사에 해당한다고 결론 지었다.

60 김창구 피의자 신문조서, 『재판기록』.

61 김이태(2005.9.22. 경북 의성).

(3) 윤태산 피살 사건

이 사건 역시 지휘부의 불법 행위, 즉 재판에 의하지 않고 훈련 공작원을 살해 지시한 범법 행위이다.

1970년 8월경 발생한 윤태산 피살사건을 목격한 기간병의 목격담이다.

> 사역 후 귀대 길에 윤태산이 기간병 박만종에게 "술 사 달라"는 요청이 거절되자 폭행. 귀대 후 박만종으로부터 사실 확인 후 한상구가 문제제기, 김경길 하사에게 보고, 김경길은 김방일 중사에게, 김방일은 파견대장 김응수에게 보고. 파견대장 김응수가 "운동선수 규칙 위반했으니 귀대 바람" 암호 전문 받고 입도. 선임 소대장 김방일과 처리 의논, "저놈 주먹이 세니까 꽁꽁 묶어서 천정에 매달아 놓을까 아니면 그대로 둘까?" 이후 김응수 나가 버림. 다음 날 아침 식사 전 식당 옆에서 윤태산(A조 조장)과 박원식(부조장)의 말다툼, "(박) 전 일에 있었던 일로 조원들에게 왜 사과하지 않느냐?" 옆에 있던 B조 조장 장정길이 "나에게 보고도 없이 말다툼을 하느냐?"고 하며 윤태산을 연병장으로 데리고 가 몇 대 때리자 윤태산이 안 맞으려고 하니까 옆에 있던 박원식이가 윤태산의 손을 잡고 손수건으로 손을 묶고 연병장

에 앉혀 놓고 후보생들이 아침 식사를 마치자 연병장에 집합시켜 이들에게 일인 당 20대씩 몽둥이로 때리라고 하는 말을 내무반에서 들었고, 피를 많이 흘리며 그 자리에서 쓰러져 죽는 것을 모든 기간사병들이 목격. 시체는 부대에서 40미터 떨어진 해변가에 끌고 가 내버려 두었다가, 김방일이 김응수에게 다시 전문으로 윤태산 사망 보고, 김응수가 오후 2시경 입도, 김방일에게 화장 처리 지시. 김응수는 실미도를 나가 본부에 가서 부대장에게 보고. 저녁 9시경 후보생들이 가마니로 '당까'를 만들어 시체를 싣고 부대에서 다리 지나 산 넘어 골짝 움푹 파인 곳에 옮겨 놓고, 김방일 중사가 기간사병 7-8명을 인솔한 자리에서 B조 조장 장정길과 A조 부조장 박원식 이하 A조 조원 전원이 참석한 가운데 부대에서 가지고 간 경유 10리터 정도로 시체에 부어 화장시켜 그날 밤으로 바닷물에 띄웠다.[62]

김이태는 윤태산이 계간을 일삼는 자여서 '죽여야겠다'는 생각을 갖고 있던 중 박만종 위협 사건이 발생하였고, 본인이 장정길을 불러 "부대가 이래서 되겠느냐?"고 했더니 장정길이 "알아서 하겠다"고 하고 나가 얼마 후 "깨지는구나"하는 윤태산의 외침이

62 한상구 진술조서, 『재판기록』.

들렸으며, 공작원들이 몽둥이로 돌아가면서 때리자 윤태산이 맞고 쓰러져 죽는 것을 보았다고 진술하고 있다.[63]

김이태는 윤태산 별명이 '오랑캐'라고 기억하고 있다. 소대장 고 김방일의 증언에 따르면 미군 부대와 육군 첩보부대 HID 훈련소가 있었던 파주군 연풍리에 주소지를 둔 윤태산은 입도 전부터 이영수, 장정길, 정은성과 아는 사이였다고 한다.

공작원 구타 사망 사건은 부대 관리자의 지시와 용인 하에 이루어진 불법적 범죄행위였다.

(4) 강신옥, 황철복, 강찬주 피살사건

공작원들은 기약 없는 북파 일정과 계속된 강훈에 지쳐 갔고, 1970년 10월 말경 강찬주, 강신옥, 황철복 등 3명의 공작원은 "처녀 운이나 대 보고 자폭하겠다"며 부대를 빠져 나갔다.

기간병 한상구[64]와 조대희의 목격담[65]이다.

---

63 김이태 위원회 면담조사(2005.9.22).

64 한상구 진술조서, 『재판기록』.

65 조대희 진술조서, 『재판기록』.

1970년 10월 하순 일자 불상경 후보생 황철복, 강찬주, 강신옥 3명이 무단이탈하여 대무의도 2리 초등학교 숙직실에서 여자 2명을 연행 강간하고 자살을 기도한고로, 본인과 하사 한상구, 병장 전종훈(사망) 3명이 대무의도에 출동하여 초등학교 숙직실에 가 본바 황철복, 강찬주, 강신옥 3명이 어린애 수 명과 처녀 2명을 감금해 놓고 있는데, 예비군 경찰들이 포위하고 있었습니다. 조금 후에 209파견대 기간요원과 후보생들이 도착하자 강찬주가 황철복의 복부, 강신옥의 복부를 식도로 찌르고 자신도 목에 칼로 찔러, 창문을 부수고 후보생들이 뛰어 들어 동인들을 붙잡아 209파견대로 운반 도중 황철복은 사망하였으며, 처녀들은 도망치고 부대로 돌아와서 황철복을 야외 위치 불상지에 두고 강신옥은 C조 내무반, 강찬주는 B조 내무반에서 치료받다가 다음 날 강신옥이 절명하자 강찬주는 창문 유리를 깨서 자살을 기도한고로 조원들이 죽지 못하게 손과 발을 묶어 당직 사관실로 옮겼으며, 본인이 강찬주에게 마음을 돌리라고 말까지 직접 한 바 있습니다. 그리고 본인은 연락 차 오류동 본대에 왔는데 들은 바에 의하면 강찬주가 B조 조장 장정길의 계간 사실과 교육대장에 대한 불순한 언동을 하였다고 소대장인 중사 김이태에게 (보고)한 바 있는데, 장정길이 각 소대장과 파견대장 김웅수에게 사고

낸 놈은 죽여야 된다고 하며 그놈이 살아 있는 한 조장을 할 수 없다고 말하자, C조 조장 정기성은 강찬주를 살리자고 하며, 사건의 주동은 장정길이라고 맞서서 C조 소대장 중사 김병염을 통하여 이야기하였으나, 장정길의 주장이 관철되어 처치의 승인을 김응수 파견대장에게 받고 장정길이 후보생 수 명과 같이 묶인 강찬주를 해변으로 끌고 가서 물을 먹였으나 죽지 않아서 대검으로 찔러 죽여서 황철복, 강신옥과 같이 3구의 시체를 화장하고 있더군요. 본인이 다시 209파견대에 도착하였을 때가 22:00 좀 지났는데 화장이 끝나 간다고 들었습니다. 뼈는 익일 새벽에 처리하였는데 어떻게 처리하였는지는 모르겠습니다.

공작원들이 부대 창설식에서 한 선서[66]에 근거하여 훈련 중인

66 1. 본인은 국가와 민족을 위하여 쇄신분골 헌신할 것과 나에게 내리는 모든 명령은 무조건 복종할 것이며, 수명사항은 절대 완수하겠습니다.
2. 본인은 입대 복무 중 고의사실을 막론하고 근무이탈은 물론 근무태만 행위를 범하거나 불온 목적으로 허위사실을 유포, 선동 기타 부대에 해로운 일체의 행위를 자행할 경우에는 반국가행위로 간주하고, 군형법상의 여하한 극형도 감수하겠습니다.
3. 본인은 입대 복무 중 지득한 일체의 사실은 국가의 최고 기밀임을 명심하고, 여하한 경우에도 (재판상의 증언 등) 타인에게 절대 누설치 않겠습니다.
4. 본인은 입대 복무 중 자기과실 또는 부주의로 인한 사고로 사망할 시는 자살행위로 간주하고, 이유를 막론하고 이의를 제기하지 않겠으며, 입대 후 도주하는 경

공작원을 살해, 암매장한 것은 불법이다. 위원회는 선서 내용 중 '여하한 책임'에 살해 등을 포함시킬 수 없으므로, 공작원들이 이러한 선서를 했더라도 군 형법에 의하지 않는 것이어서 불법적인 행위이며, '도주 시 연대책임'이나 '동료의 잘못을 동료들끼리 처리'한다는 선서 내용에 의해 공작원들을 처벌하는 것은 명백한 인권 침해이자 형사상의 범죄 행위라고 결론지었다.

이 외에도 공군 정보원 김필남 처형 사건이 있는데 김필남은 기밀 누설죄로 실미도에서 공작원들이 동원되어 총살에 처해진 것으로 알려졌다.

2) 공작원 부상 사건

1968년 훈련 초창기에 김창구와 이서천[67]이 외줄타기 훈련 중 떨어져 다리와 머리에 부상을 입었고, 황철복은 장애물 훈련 중

우에는 본인들이 연대하여 여하한 책임도 감수하겠습니다.
5. 본인은 이상의 제 사항을 임의로 엄숙히 서약합니다.
공군 2325부대 [오소리공작원 입교식 거행결과 신고서](1968.5).

67 이서천은 피의자 진술조서에서 자신은 1968.5.1에 부상을 당하여 같은 해 7월 10일까지 미8군 아스컴 병원에 입원했다고 밝히고 있다. 김창구와 비슷한 시기의 부상으로 보인다.

기관총 탄환에 옆구리 관통상을, 김병염은 1971년 초 소대장 김○○에게 기합을 받을 때 폭행으로 고막이 터져 치료를 받아야 했는데, 이들의 공통점은 모두 미8군 121병원에서 치료를 받았다는 사실이다. 왜 미8군 병원에서 치료를 받았을까? 비밀부대여서? 미군과의 관계는? 여러 의문이 있어 위원회는 미8군 측에 병원 기록을 요청했으나 '관련 기록 없음'이라는 회신을 받았다.

3) 가혹행위

훈련 과정에서 공작원에게 직접 가혹행위를 했던 기간병 김이태의 증언을 들어 보자.

> 훈련 진전이 더딘 전균이 있었다. 전체를 위해 제거하는 게 낫다는 결론이 내려졌다. 저녁 때 해안으로 끌고 나가 물속에 집어넣고 밟았다. 10분이 지났는데 아직 숨이 붙어 있었다. 다시 백사장에 묻었다. "내일 아침 점호 때까지 죽지 않으면 살려줘라" 했는데 살아 있었다. 전균은 그렇게 살아났다.[68]

68 김이태(위원회 전화면담, 2006.4.27).

살인미수의 범죄를 저지른 자가 마치 영웅담을 늘어놓는 것 같지 않은가? 소름이 끼친다.

4) 사망·부상사건 은폐·묵인

중정의 관리감독은 부실하기 짝이 없었다. 중정 실무담당 윤진원은 자신은 딱 한 번 실미도 부대를 방문하였으며, 모든 훈련은 공군이 책임지고 잘 할 것이라고 알고 있었다고 하는데, 늘 보고를 받았다면서 공작원이 훈련 중에 사망하거나 부상당한 사건에 대해서는 "모른다. 없었다. 구두로도 받은 바 없다"고 모르쇠로 일관했다. 공군 수뇌부도 마찬가지였다.

하지만 실미도 현지에서 근무한 기간병들은 한결같이 위 사건들이 상부에 보고되었다고 사건 수사 과정에서 진술하고 있다.(『재판기록』)

> 김창연(보급 담당)
>
> 문: 동 사실 내용이 상부에 보고되었는가요.
>
> 답: 상부에 서면 보고한 것으로 알고 있습니다.

조대희(보급 담당)

문: 보고는 어찌 하나요.

답: 구두 또는 서면 여부는 모르나 보고는 합니다. 자세한 계통은 모르나 파견대장, 공작과장, 2325부대장, 공군정보부장까지 보고된다고 알고 있습니다.

기간병 김태수는 실미도 부대의 방치에 대해 "파견대장 한총조차 월 평균 실미도 방문 횟수는 약 3회에 그칠 정도로 공군 지휘계통에서도 실미도 부대를 방치했다. 한총의 실미도에서의 업무는 별로 뚜렷한 게 없고, 주로 교육대장 김순웅과 상담이나 하고 그날로 인천으로 돌아가는 것이 다였다"[69]라고 증언하고 있는데, 부대 초창기부터 터줏대감으로 장기간 부대를 휘어잡고 있었던 김순웅에게 부대 운영을 맡겼던 한총에게는 정상적인 지휘감독을 게을리 한 직무유기의 책임을 물어야 한다.

구타 사망 사건은 파견대장 수준에서 사고사 또는 자살로 허위보고하고, 조정· 통제 권한을 갖고 있던 중정이 사고에 대해 별다른 조치를 취하지 않은 채 묵인·방조했을 가능성이 높다. 공작

69 김태수 진술조서, 『재판기록』.

원 사망사건이 계속 발생하자 중정과 공군 수뇌부도 문제가 있다고 판단, 1970년 11월에 파견대장 김응수를 한총으로 교체했던 것으로 보인다.

5) 봉급 미지급과 급식·부식의 열악

공작원들의 봉급은 최초 3개월은 1인당 매월 3,200원씩 총 9,600원이 지급되었으나, 이후에는 지급된 사실이 없는 것으로 확인되었다.[70] 임성빈 등 사형수 4명은 이구동성으로 그나마 개인적으로 급료를 써 보지도 못했다고 진술하고 있다. 조장이 전부 가지고 있다가 소대장이나 교관이 외출 나갈 때 외출비로 바쳤으며, 그 이유는 너무나 달달 볶고 기합과 고통이 심했기 때문에 좀 더 편하게 지낼 수 있을까 하여 상납했다고 한다.

부대 운영자들의 예산 횡령으로 공작원들의 주·부식은 열악했다. 이서천은 재판기록에서 입대 후 1개월간은 쌀밥에다 쇠고깃(사골)국이 나왔고, 계란도 한 개씩 주었는데, 그 후부터 고기국도 나오지 않고 된장국 또는 소금국에 보리밥을 주다가 1970년 8

70 임성빈 피의자 신문조서, 『재판기록』.

월부터는 수제비로 대용하거나 보리밥에 소금국, 시레기국 등 아주 부식이 나빠졌고, 1971년 7월부터는 밀밥을 해 주었다고 진술[71]하였다. 하지만 실제 급식 내용과는 달리 취사장에 비치된 장부에는 매일 계란 1개, 두부가 월 10~20상자, 쇠고기, 돼지고기, 생선 그리고 기타 좋은 부식을 지급하는 것으로 적혀 있었는데, 외부 인사나 고위층에서 시찰 오면 교육대장이 그 장부를 보여 주었다. 공작원들은 3년 이상 긴 세월을 배를 굶주리면서 개밥을 훔쳐 먹거나 수제비를 했다가 돼지먹이로 준 것을 몰래 건어 먹기도 했으며, 훈련 과정에서 익힌 대로 날 뱀을 잡아먹기도[72] 했다. 김순웅 교육대장이 이중장부를 작성하여 보관하고 있었음을 알 수 있다.

기간병 한상구는 재판기록에서 기간사병들은 식사가 적으면 제한 없이 더 먹을 수가 있었지만, 공작원들은 일정한 양 외에는 식사가 적어도 더 먹을 수 없고 심지어는 한솥에 밥을 하면 교육대장, 소대장급들에게는 쌀밥을 퍼서 주고, 기간사병들도 공작원 식사보다는 보리가 덜 섞이기 때문에 공작원들은 자동적으로 보

71 이서천 피의자 신문조서, 『재판기록』.

72 이서천 피의자 신문조서, 『재판기록』.

리가 많이 섞이게 되었다고 진술하고 있다. 기간병 김정현의 얘기를 들어 보자.

> 1. 평상 시 기간병과 훈련병의 급식, 주부식은 어떠했는가?
>
> 답: 매끼마다 기간사병들이 먼저 식사하고 후보생은 나중에 했다. 주로 콩나물국, 호박국이 나오고 콩장, 감자찌개, 멸치 등이 반찬이었다. 특별할 때 버터, 김 정도가 나왔고, 파견 10개월 동안 소고깃국 한두 번 먹었다.
>
> 2. 기간병과 훈련병 사이에 차별을 두는가?
>
> 답: 먼저 먹고 나오기 때문에 똑같은 부식을 주는지는 모르겠다. 공복을 느끼면 기간병들은 휴게실에서 간식 매입 가능하나 훈련병들은 사서 먹는 것을 보지 못했다. 밥에 보리 섞이는 정도는 3:1 정도인데 훈련병의 경우는 어떤지 잘 모르겠다. 후보생에게 특식은 전혀 제공되지 않았으며, 가끔씩 밀크 정도는 주고 있다. 공작원들은 돈이 없어서 휴게실에서 아무것도 사 먹을 수 없었다.[73]

---

73 김정현 진술조서, 『재판기록』.

한상구의 증언도 비슷하다.

기간병들은 일정한 양 없이 식사가 적으면 더 먹을 수가 있지만 후보생들은 일정한 양 외에는 식사가 적어도 더 먹을 수 없으며, 심지어는 한솥에 밥을 하면 교육대장, 소대장급들에게는 쌀밥을 퍼서 주고, 역시 기간병들도 후보생 식사보다는 보리가 덜 섞여 먹기 때문에 후보생들은 자동적으로 보리가 많이 섞여 먹게 된다. 그리고 수중에 돈이 없어 매식이 불가능했으며, 기간병들의 세탁물을 세탁해 주고 라면이나 빵 같은 것을 얻어먹었다. 후보생들에게 영양가 있는 음식이 제공되는 시기는 높은 데서 감사 오는 날인데 고깃국 정도를 해 주었다. 몇 번이었는지는 모르겠다. 이런 날 소고기, 돼지고기가 부식으로 나왔다.[74]

공작원들은 열악한 급식에 대해 조장을 통하여 배가 고프다는 것을 건의한 일이 있으나 김순웅 교육대장은 "우리나라는 풍부한 나라가 못 되기 때문에 잘 먹을 수 없다. 인내력을 길러야 한

74 한상구 진술조서, 『재판기록』.

다"고 훈시를 하면서 일체의 건의를 묵살하였다.[75] 김순웅은 공작원들의 소원수리도 듣지 않았고, 일체 외부인과의 접촉을 금했으며, 부대 사항에 대해 함구하게 하거나 높은 사람이 와서 부대 실정을 물을 때 무조건 만족하다고 답변하라고 지시하고, 만약 지시사항을 어길 때는 사형 처분하겠다고 협박하여 부대 실정을 물어도 폭로할 수 없었다.[76]

8·23사건 발생 시 209대 파견대장이었던 한총은 사건 수사과정에서 공작원 봉급은 자신이 취임한 이후 1971년부터 공작원 1인당 월 5,000원씩 매달 지출되었다고 진술하였다.[77] 이 진술에 따르면 68년 창설 당시 책정됐던 3,200원의 급료가 71년에 5,000원으로 증가했음에도 불구하고 공작원들에게 지급된 것은 한 푼도 없었으며, 이는 공금횡령을 기정사실화하는 것이다.

이형복은 실미도 부대에 지급된 월간 총 공작비가 주식비 60,000원, 부식비 280,000원, 봉급 120,000원 등 총계 460,000원이

75 국방부 군특명검열단, 『군특수난동범사건조사보고서』(1971.8.30).

76 위 보고서.

77 『재판기록』.

라고 진술하였으나 월급은 지급되지 않았고, 주·부식은 형편없었다. 이중장부가 존재했다는 한총의 진술과, 영수증 서명이 가짜라고 증언하는 김순웅 유족의 증언에 비추어 사건 발생 이후 209파견대가 공군 수사대에 제출한 경비 지출 관련 각종 영수증은 급하게 만들어진 가짜였을 가능성이 높다.[78]

보급 담당이었던 조대희는 재판기록에서 정보비는 209파견대장 한총이 수령하여 교육대장에게 일부 주는 것으로 알고 있으며, 자신은 교육대장으로부터 10,000원을 받아 보급품 및 구매물품 하역비와 운반비, 본부와의 연락 차비 및 기타 잡비로 사용하였다고 진술하였다.[79] 조대희는 김순웅 교육대장이 한총으로부터 받은 정보비 중 일부를 3개 소대장에게 3,000원씩, 문관 박○○에게 3,000원, 보급 담당자들에게 3,000원 등 총 18,000원을 나누어 주었다고 하는데, 김이태 소대장은 한 푼도 받은 적이 없다고 부인하고 있다.

조대희는 위원회 면담조사에서 1970년 11월, 파견대장 교체 전

78 교육대장 김순웅의 유족은 김순웅의 자필서신을 위원회에 제출하면서 영수증에 기재된 서명이 동일인의 것으로 보기 어려우며, 영수증이 조작되었을 가능성을 제기하였다(면담조사, 2005.12.14)

79 『재판기록』.

김응수(초대 209파견대장)가 인천 올림푸스(현 파라다이스) 호텔 옆 폭포수 다방에서 만나자고 하여, 부식비를 현재 받고 있는 금액보다 2배 이상 더 받았다고 차기 파견대장에게 허위 보고하라고 지시하였으며, 한총으로 교체된 후에는 부식비가 2배로 나왔고 보급품이 훨씬 좋아졌다고 진술[80]함으로써 초창기부터 재직했던 실미도 부대 파견대장 김응수의 횡령 사실을 기정사실화했다.

조대희는 재판기록에서 물품 수령 경위에 대해 2325부대 군수과장, 작전과장의 결재 하에 공작과장도 관여하였으며, 부식비 55,000원을 수령하여 자신이 보관하고, 취사 담당 병장 정○○이 807파견대로 물품 수량 및 종류를 알려주면 일주일 분씩 구입하여 탁송하였고, 상점에서 영수증을 받아 교육대장에게 명세서를 대개 일주일 간격으로 보고하면 교육대장은 이것을 구두 또는 서면으로 209대 파견대장 한총에게 보고하였다고 진술하고 있다.[81]

80 조대희 위원회 면담조사(2005.12.14).

81 조대희 진술조서, 『재판기록』.

6) 외출 및 휴가, 서신 왕래 금지

서신 왕래는 금지되었으며, 라디오는 비치되어 있었으나 뉴스 등 시사에 관한 보도는 일체 청취할 수 없었다. 기간병 조대희는 "교육대장은 서신 연락을 하게 해 달라는 공작원들의 요구를 한 번도 들어주지 않았으며, 자신이 부임(1968.9.30)하기 전에는 공작원들이 서신을 작성하였으나 검열을 하여 발송치 않은 사실이 있다"[82]고 진술하였다.

외출의 경우 육지는 고사하고 인근 무의도로 나가게 해 달라고 여러 번 건의했지만 거부당했을 뿐 아니라 휴가는 일체 존재하지 않았다. 기간병 양동수는 실미도 부대가 '창살 없는 감옥'이었다고 진술하고 있다.

> 공군은 정기적으로 외박 외출을 8주 혹은 10주에 한 번씩 정기적으로 실시하였지만, 실미도 부대는 그런 것이 전혀 없었다. 면회는 말할 것도 없고, 편지도 전혀 주고받을 수 없었다. 신문, TV, 라디오, 잡지 그 어느 것도 684부대에는 허용되지 않았다.

82 조대희 진술조서, 『재판기록』.

단지 영화 영사기로 한물 간 미군 특공대 전쟁영화를 보여주는 것이 전부였다. 창살 없는 실미도의 감옥 생활에는 어떤 희망도 빛도 보이지 않았다.[83]

실미도에서 딱 한 번, 공작원의 외출이 허용된 적이 있다. 1970년 10월 강간사건 발생 이후 공군 수뇌부는 근본적인 문제 해결을 도모하기보다는 "생리적 욕구 때문에 문제가 많다"고 판단하고 이를 무마하기 위해 "1971년 3월~5월, 3명씩 6차에 걸쳐 집단으로 소대장들이 인솔, 외출하여 18명을 여인숙에서 창녀와 하룻밤을 접촉"시킨 바 있으며, 김창연의 진술에 따르면 이때 경비는 숙식비 15,000원, 화대(3인분) 10,500원, 7000~8000원 등으로 도합 32,000원이 소요[84]되었다. 기간요원 5~7명의 감시가 따라 붙은 가운데 이루어진, 3년 4개월, 총 1,215일 중 단 하룻밤, 인천 '옐로우하우스'에서 허락된 '화려한 외출'이었다.

83 양동수 진술조서, 『재판기록』.

84 김창연 진술조서, 『재판기록』.

4. 봉기

"중앙청으로 가자"

‘버려진 부대’ ‘잊혀진 부대’ ‘누구도 책임지지 않는 부대’가 되어 버린 실미도 부대 공작원들의 자포자기와 무력감은 점점 더 커가고 있었다. 기약 없는 훈련, 가혹한 훈련, 구보 등 불필요한 훈련이 계속되었고 북파 계획은 다시는 언급되지 않는 상황에서 부대장 김순웅의 강압적 분위기 조성과 훈련 계속 압박, 예산 횡령으로 인한 급식 부실 등 인권유린 상황이 계속되고 있었다. 계속 누적된 불만에 불을 당긴 건 ‘와룡소주’ 한 병이었다.

1971년 8월 20일, 다리 부상으로 인해 평소 훈련에서 열외가 됐던 김창구는 “집결지에 먼저 가 있으라”는 소대장의 지시를 받고 쉬고 있던 중, 동네 청년이 “술 한 병 주겠다”고 하여 와룡소주 4홉들이 한 병을 받아 수통에 넣어 부대로 돌아왔다. 그리고 이를 B조 조장 장정길에게 전달해서 부대원이 나누어 마시던 중 김순웅에게 발각되어 단체기합을 받게 되었다. 이때 A조 조장 심보길이 허리를 크게 다치자 조장과 부조장들이 모여 “당초 약속하였던 것과 전연 틀리다. 현재까지 속아 왔고, 여기에 있다가는 매 밖에 돌아올 게 없다"며 그간의 불만이 그날의 기합으로 폭발하여 실미도를 탈출하여 중앙청(또는 청와대, 사령부 등)으로 향하기로 하였으나, 이 과정에서 기간병 전체 살해를 주장하는 측과 반대하는 측의 주장이 엇갈리면서, 최종 합의엔 상당한 난항을 겪은 것으로 보인다.

이들은 주말 외출 나갔던 교육대장 김순웅이 돌아온 후 월요일인 8월 23일을 D-day로 잡고, 당일 아침 6시, 김순웅 당번이었던 장성관이 윤석두와 함께 세숫대야 밑에 망치를 들고 들어가 잠자던 김순웅을 사망케 한 후 김순웅이 갖고 있던 권총 실탄 30발과 카빈총 실탄 60발을 들고 나와 숨기고 있다가 6시 30분, 심보길의 신호탄과 함께 일시에 기간병 살해를 시도하였다.

이들은 취침 중이거나 도망가던 기간병 총 18명을 사살하였고, 1명은 총상, 5명은 생존하였다. 그런데 이 과정에서 공작원 전균과 이영수가 피살되는데 기간병들이 취침 중이거나 경황이 없었던 것으로 미루어 동료 공작원의 총에 의한 것으로 추정된다. 거사 계획 중 기간병 살해 반대자도 존재했는데, 이것이 피살 원인인지는 확인되지 않는다.

송도 앞 갯벌에서 실미도를 탈출한 공작원들을 최초로 목격한 김형운은 최초에 이들의 숫자가 21명이라고 보고했으나 나중에

22명으로 번복한다. 정래혁 국방장관의 "기타 도주자는 없다"는 발표에 따라 실미도를 탈출한 공작원의 숫자는 일치해야 했다.

김형운(33사단 102연대 6중대 2소대 2분대. 605 해안초소 담당. 2006.3.9. 금. 여수 자택 면담)

1. 목격담을 얘기해 달라.

답: 8월 23일 당일 오후 2시 30분쯤 사단 작전참모(대령)가 상황 파악을 위한 질문을 하더라. 내가 물었다 "저, 영창 갑니까?"

2. 목격자 숫자는?

답: 24~25명으로 보고했다. 나중에 야당(국회) 진상조사단(이철승 의원 등 5~6명)을 만났는데 "21명이라고 보고한 것이 잘못 된 거 아니냐?"는 질문을 받은 것 같다. 《동아일보》 기자가 인터뷰하려고 뒤에서 대기하고 있다는 얘기를 들었으나 안 했다.

3. 공작원들이 무어라 하던가?

답: 본인들은 중앙유격사령부 해상 침투 훈련 중이라고 했다. 지휘관처럼 보이는 사람이 나무 막대기 지휘봉을 들고 있었다.

4. 위협적이지 않았는가?

답: 아니다. 군대 생활이 힘들지 않느냐고 물었고, 물을 달라고 했다. 주변 채석장에 민간인 인부들이 있어서 함께 있었다.

5. 사건 후 어떤 상태로 있었는가?

답: 2~3개월은 대대로 가 혼자 있었다. 보직을 주지 않았다. 나는 보고할 거 다 했다. 나중에 사단장(박정인) 표창장도 받았고 회식도 했다.

6. 영화나 소설 <실미도>를 보았는가?

답: 봤다. 공작원들 총에 내가 맞아 죽는 걸로 나오는데 말도 안 된다. 영화는 사위, 며느리가 영화표를 갖고 와 같이 보러 갔다.

김형운의 보고를 받고 출동한 같은 부대 소대원 이동걸은 이후 과정에 대해 상세히 기억하고 있다. 출동한 소대원들이 조개고개에서 버스를 기다리는 공작원들을 발견, 이들이 버스에 탑승하고 매복지로 진입해 오자 교전을 벌였다고 증언하고 있다.

1. 사건을 어떻게 접하게 되었는가?

답: 605 초소에서 간밤 경계근무를 마치고 주간 취침 중이었다. 보초 김형운 일병이 초소 전화로 소대에 "초소 전방에 무장한 수상한 사람들이 갯벌에 배를 정박하고 초소 쪽으로 접근 중. 무장자들이 질퍽한 갯벌을 걸어서 나오기에는 상당 시간이 걸릴 것 같다"고 하여 소대장과 하사 최성기, 병사 1명, 본인 등 4명

이 605초소로 출동했다. 가 보니 김형운이 폭행 당해 얼굴이 심하게 부은 채 정신을 잃고 쓰러져 있었다. 인근 채석장 인부에게 물어 보니 근처에서 할머니에게 떡을 사 먹고, 옷과 신발에 묻은 진흙을 씻은 후 교통수단을 얻으러 조개고개 쪽으로 떠났다고 하더라.

2. 그 후 어떻게 했는가?

답: 우리 4명은 지름길로 조개고개에 도착하여 예비군 복장의 한 무리가 철길 주변에 앉아 버스를 기다리고 있는 장면을 목격하였다. 버스가 도착하자 이들이 탑승하는데 완전무장한 것이 보였다. 소대장이 비상을 걸어 두었기 때문에 약 30명의 소대원들이 속속 현장으로 집결하고 있었는데 소대장이 대원들에게 몸을 숨길 것을 지시, 모두 철길 위로 올라가 도로를 가운데 두고 양 옆으로 포진하였다. 버스가 고개를 넘어와 접근하자 소대장이 정지 시도 공포탄을 한 발 발사하였는데, 버스가 무시하고 그대로 접근해 왔다. 나랑 같이 있던 최성기 하사가 버스를 멈추게 하려고 도로로 나가 손으로 정지신호를 보내는 순간, 버스 전면 환기구에서 총구가 나오더니 최하사를 저격하여 좌복부 관통상을 입고 배수로에 쓰러지는 게 보였다. 그 순간 버스 계단에 서 있던 무장군과 눈이 마주쳤고, 교전이 시작됐다. 내가 갖고 있던

단발사격 탄창 1개를 다 쓰고 나서 다시 갈아 끼고 보니 버스가 가 버렸다.

최성기 하사를 병원으로 후송시키고 우리는 삼륜짐차를 타고 추격전을 개시했다. 인천시내 쪽으로 가다가 사이드카를 탄 경찰을 만나 “무장공비가 나타났다”고 말하고 이 경찰의 도움을 받아 사이렌을 울려 차량선도를 해 주는 바람에 추격을 계속할 수 있었다. 조금 가다 보니 교전을 벌였던 버스가 서 있는데 유리창이 모두 박살나 있고 안에는 아무도 없었다. 인근 사람들에게 물어보니 다른 골목을 지나갔다고 하기에 다시 추격하는데 길목에 총상을 입은 무장군 1명이 숨을 쉬면서 총을 세워 놓고 벽에 기댄 채 쓰러져 있었다. 얼마가 지난 후 부대로부터 철수명령이 떨어져 부대로 복귀했는데 나중에 다른 소대원들에게 들어보니 실미도 탈주병이었다고 하더라. 우리를 호위해 주던 경찰은 검문소에서 총격으로 사망했다고 들었다.[85]

서울 대방동 유한양행 앞에서 버스가 나무를 들이받고 서 버리자 버스에 있던 공작원들은 더 이상 중앙청으로 가는 것은 불가

85 이동걸 전화면담. 2021.5.22.

능하다고 판단, 일부가 수류탄을 터뜨려 자폭을 시도했다. 다음은 둘째딸(5세)과 여동생(18세)을 사고 현장에서 잃은 탑승객 조인자의 목격담이다.

> 영등포 로터리까지 오다가 운전사가 어디론가 도망쳤습니다. 그러자 괴한이 차를 끌고 계속 달리다가 유한양행까지 왔는데 앞에 순경들이 죽 엎드려서 총을 겨누고 있더군요. 그때 순경들이 총을 쏘았습니다. 그래서 본인과 큰딸 박성아(6세)는 의자 밑으로 기어들어가 엎드렸습니다. 그러자 조금 후에 버스가 서고 무엇인가 터지는 소리가 계속 들리더군요. 한참 후에 깨어 보니 전부 죽어 있었습니다.[86]

실미도 공작원들의 '중앙청행' 꿈은 여기서 끝이 났다.

86 조인자 진술조서, 『재판기록』.

5. 덮기

"조용히 처리하라",
"일본에서 머리 좀 식히고 오라"

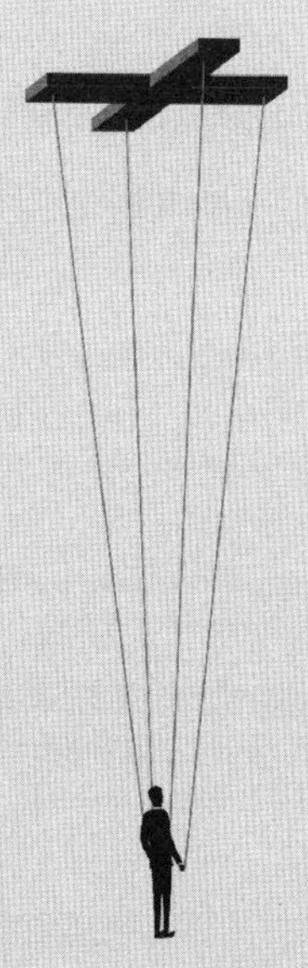

1) 실미도 사건의 축소·조작·왜곡·은폐 시나리오의 등장

실미도 사건이 발생하자 국가 기관들은 실체 파악도 못한 채 우왕좌왕하는 모습을 보였다. 처음에는 '간첩'으로 발표되었다가 곧 '군 특수 난동범'으로 바뀌는 해프닝을 벌이면서 범정부 차원에서 '보안'이라는 이름으로 사건은 철저히 축소·조작·왜곡·은폐되었다.

대간첩대책본부장이었던 자신도 몰랐던 부대, "대통령과 중정부장, 공군참모총장만 아는 부대"라고 강변하는 김재명[87]은 다음과 같이 진술하고 있다.

87 1967.12.12에 발표된 대통령 훈령으로 대간첩중앙협의회가 만들어지고, 1·21사태 직후 대통령 지시사항으로 중앙대간첩대책위원회 및 본부 구성. 위원회, 『실미도 보고서』, 207쪽. 대간첩대책본부장, 2006.5.11. 목. 면담. 리베라호텔 커피숍

1. 본인이 실미도 사건 발표를 했는가?

답: 했다. 71년도에는 거의 매일 간첩이 오는 상황이었는데, 사건 당일 인천에서 20명 이상의 간첩이 출현하여 버스를 탈취, 소사, 영등포, 유한양행 앞에서 사태가 전개되었다. 나는 100% 간첩이라고 생각했다. 심흥선 합참의장이 나더러 "김 장관, 어떻게 할 거야"라고 물었고, 기자들이 계속해서 "민간인이 죽는다. 빨리 대책을 발표하라"고 다그쳤다. 심흥선이 정래혁 국방장관에게 보고하자 "간첩으로 발표하시오"라고 해서 간첩으로 발표했다. 그런데 나중에 보니 간첩이 아니더라.

2. 잘못했다는 건가?

답: 경험 미숙이다. 내 미스다. 후회스럽다. '정체불명'으로 했어야 하는데, 그 당시는 거의 매일 간첩이 나타났기 때문에 그들도 간첩인 줄 알았다.

3. 정보는 어떤 경로로 입수되었는가?

답: 경찰과 군(6관구 33사단, 소사 주둔)으로부터 했다. 중정과 공군으로부터 받은 정보는 없었다.

4. 대간첩대책본부의 정보 수집 능력이 떨어졌는가?

답: 경찰(치안본부)보다 정보가 늦다. 그리고 말만 대간첩대책본부이지 파견돼 나온 육·해·공 정보장교가 자기네 조직으로 먼

저 보고한다. 그래서 내무부장관이 먼저 청와대로 보고하면 "대간첩대책본부는 뭐 하고 있느냐?"는 질책이 떨어졌다.

5. 실미도 부대에 대한 정보도 없었는가?

답: 없었다. 그런 부대가 있었으면 적어도 귀뜸은 해 주었어야 했다.

6. 실미도 사건에 대한 개인 소회는?

답: 권력이 너무 한 곳에 집중되어 있었다. 중정이 문제였다.

'간첩 보도'가 나간 후, 예비역 준장으로 1971년 대선 당시 김대중 후보 안보담당 특별보좌관이었던 신민당 이세규 의원은 사건 발생 직후 현역 공군 대령이라고 밝힌 사람으로부터 "실미도 주둔 우리 측 특수부대 요원"이라는 전화를 받고, 국방위 소속 야당 의원들과 국회 출입기자들에게 "그들은 무장공비가 아니라 우리 측 비밀 특수요원"이라고 밝혔고, 이 소식이 알려지자 정부는 부랴부랴 대책 마련에 나섰다. 3시간이 경과한 오후 5시경 국방부장관 정래혁은 '공군 관리 하의 군 특수 난동범'으로 정정 발표를 하면서 이들이 모두 범법자라고 밝혔다.

정래혁 국방장관의 발표는 청와대 대책회의를 거친 것이었다. 사건 당일 오후에 청와대에서는 김종필 국무총리 주재로 실미도 사건 대책회의가 열려 범정부 차원에서 사건 처리 대책 방향이 논의되었다. 실미도 사건 축소·조작·왜곡·은폐 시나리오의 첫 신호탄이다. 다음은 김두만의 증언이다.

> 옷 벗기 하루 전 청와대에 갔다. 청와대에서 대책회의를 2시간 정도 했다. 발표문 발표 전에 모두 모였다. 김종필 국무총리, 이후락 중정부장, 심흥선 합참의장, 김정렴 비서실장, 정래혁 국방장관 등이 참석했다. 이후락과 정래혁이 만든 발표문을 박정희에게 갖고 갔더니 "공군 빼라. 무슨 책임이 있느냐?"라고 했으나 이후락이 공군 책임이 있다고 강조하자 박정희가 발표문을 승인했다. 화가 났으나 "약자가 참아야지" 하면서 가만 있었다. 심흥선에게 전화해서 "공비가 아닌 것 같다. 실미도 부대 같다"고 했다.

이 자리에서 각 기관의 역할 분담이 이루어졌을 것으로 보이는데, 보안사령부가 사후처리를 맡고 중정이 언론 통제를 주도하는 가운데 사건은 철저하게 축소·조작·왜곡·은폐되었고 가장 중요한 사건 증거인 대다수 관련 서류는 철저히 파기되었다.

문서 2) 보안사령부(현 군사안보지원사령부)의 사후처리 문건
1) 제목: 공군 제209대 시설 철거 결과보고

2) 제목: 8·23 사고 사후처리 대책 보고(1971.9.21)
발신: 보안차장보(강창성)
수신: 정보차장보(이철희)

8·23 난동사건에 대한 9개 항목으로 공군의 사후처리 대책을 통보하오니 업무에 참고하시기 바랍니다.
붙임: 8·23 사고 사후처리 대책 보고 1부 끝. (작성: 하태준)

내용: 가. 보도통제 및 보안대책
(국방장관 통제 하에 관계기관과 협조하여 보도통제)
나. 언론기관의 특수부대원 가족 면접에 대한 차단 조치
1) 특수부대원의 가족 거주지 사항 계속 내사 확인. 언론기관보다 보안대책을 선제적으로 강구
2) 특수부대 요원의 인적사항 누설 및 생존자의 철저한 보안 대책 강구
3) 사건과 관련된 제반 증거물 전량 회수 보관 중
다. 언론기관 기타 사건 관련자와의 차단 조치
라. 분실무기 색출(11정)
마. 실미도 출입 통제와 제반 증거 시설물 제거를 위한 대책
(9.1부 동 기지 폐쇄. 9.27까지 시설물 일체 제거)
바. 8·23 사건에 관한 상부 및 관련 기관의 간섭 문제
(국방부 통제 하에 필요 이상 의 피해자 없도록 단속 조치)
사. 공군 장병 사기 앙양

아. 사건 관련자 처리

1) 특수부대 요원 중 생존자 처리

(초병 살해범으로 공본 보통군법회의 송치)(9.10)

2) 입건 기간 요원 처리: 9. 10. 공본 보통군법회의 검찰부에 송치하였으며, 군법회의에 회부 예정

기타: 1) 기간요원 생존자 6명을 2325부대에 배속, 대기중이며 본부 근무를 권장

2) 특수부대 요원 생존자 4명 중 3명은 수감, 1명은 부상자로서 격리치료 중에 있고 엄중 차단 조치 중

중정의 이철희는 '8·23 사태 발생 후 처리를 어떻게 했는가'라는 질문에 대해 "수습을 조용히 해라. 조기에 처리하라고 공작단장에게 지시"했다고 말했다. 당시 중정은 모든 언론을 통제[88]하고 있었기 때문에 경향신문 등 일부 신문사가 영등포 시립병원에서 생존 공작원 이서천, 김종철을 인터뷰해 기사화[89]하고, 인천 등 경기도 일대에서 신원 불명자들이 출몰했다는 기사[90]가 잠시 있긴

88 윤진원, "보도통제는 중정 언론팀에 부탁했다"(2006.3.14)

89 《경향신문》 1971.8.24. "실미도 특종 : 주동자 김종철 부모 인터뷰," "전율이 질주한 무법 속의 경인 백리" 등의 기사가 확인됨.

90 "인천에 무장괴한, 1명이 민가에 침입 밥 달라 위협"(《연합신문》, 1971.8.24), "중상

했으나 이후 후속 기사들은 나오지 않았고, 30여 년간 사건의 진실은 철저히 은폐되었다.

이철희는 실미도 부대 창설 제안자로 실미도 부대의 전모를 알고 있었던 유태원에게 "일본에 가서 바람이나 쐬고 오라"며 500불과 위조 여권을 주었다. 우리가 으레 보아 왔던, 사건이 발생하면 중요 핵심인물을 국외로 도피시키는 행각이다.

사건 발생 직후부터 중정과 공군, 국방부는 서로 발 빼기에 급급했고 책임 공방에 열을 올렸다.

이철희는 "공군에서 적극적으로 부대 관리를 했어야 한다. 책임을 졌어야 한다. 정 힘들면 '힘에 벅찹니다. 해체해야겠습니다'라고 건의했어야 한다"고 하였고, 윤진원 역시 철저히 공군 책임으로 돌리고 있다.

윤진원

1. 8·23사태 당시는 어떠했는가?

자 3명 생포, 나머지 2명 추적 중"(《영남일보》, 1971.8.24), "도주한 괴한들은 2~3명으로 보고 계속 추적 중"(《부산일보》, 1971.8.24), "김포공항, 한강교 한때 폐쇄, 인천에 괴한 수명'(《전남일보》, 1971.8.24.). 위원회, 『실미도 보고서』, 270쪽.

답: 현장에 공군 2325전대장도 없고 엉망이었다. 국방부에서 차관 주재로 사건처리 회의가 있어서 중정 실무 담당자로서 참석했다. 차관이 "공군이 잘못했다. 사건 파악조차 못 하고 있다. 책임이 있다"고 했다.

2. 책임소재 공방은 없었는가?

답: 8·23 직후 청와대에서 대책회의를 하는데 김두만 총장이 중정에서 내려 보낸 공문이라고 하면서 쌓아 놓았더라. 우리에게 책임이 있다는 걸 입증하기 위해서.

8·23사건 직후 해임된 공군참모총장 김두만은 실미도 부대 처리와 관련하여 정래혁 국방장관에게 건의한 적이 있다고 증언하고 있다.

정래혁 국방장관에게 두 차례 보고했다. 실미도 공작원들이 현역 군인도 아니고 군번도 없고, 공군 임무와 무관하여 도대체 써먹을 수가 없었다. 하지만 중정 거라 우리 맘대로 할 수 없어서 국방장관에게 중정에 반납할 것을 건의했다. 정래혁은 "기다리자. 지금 바쁘다. 대통령 선거가 끝나고 10월까지는 해결하겠다"고 대답했다. 하지만 정래혁은 사건이 날 때까지 이후락에게 건의 못했다고 했다.

정래혁은 이를 부인하고 있다. 부인의 증언을 들어 보자.

(2006.5.19. 금. 1차 전화면담)

"(전화면담 요청을) 전해 주겠다."

(2006.5.22. 월. 2차 전화면담)

"남편이 몸이 불편하다. 면담 힘들 것 같다"고 하여 부인으로서 면담 가능한지를 묻고 양해를 구한 후 질문

1. '8·23사건' 기억나는가?

답: 생전 꿈에도 듣도 보도 못한 사건이다. 남편은 아무것도 몰랐다. 사건 터지고 우리는 한남동 장관 관사에서 짐 싸 갖고 나왔다. 책임은 졌지만 내용은 전혀 몰랐다. 공군에서 보고도 없었다더라.

(2006.5.30. 화. 3차 전화면담)

1. 김두만 총장이 실미도 부대 해체를 건의했다는데?

답: 건의 받은 바 없다고 한다.

2. 8·23사건에 대해 남편으로부터 들은 이야기가 있는가?

답: 남편은 사건 당일 청와대에서 국방예산 관련 회의를 하고 있다가 소식을 들었고, 박정희가 경호차를 대 줘서 대방동 가서 현장을 확인했다고 한다. 폭탄이 터져 공작원 일부가 폭사했고, 일부 생존자가 있는 것 같았는데, 혼자 가서 봤고 따로 보고받은 것은 없다고 하더라.

뻔뻔스럽고 후안무치한 인간들의 핑계가 할 말을 잃게 한다.

청와대 대책회의에서 실미도 부대를 창설한 중정의 책임은 언급조차 되지 않은 채 뒤로 빠지고, 국방부와 공군이 책임지는 것으로 사건은 정리[91]된다. 정래혁은 사건 브리핑에서 "난동자들은 전원 생포, 사살, 자폭하였고 도주한 자는 하나도 없다"고 밝혔으

91 〈정부기관 관련자 문책〉 ▷정래혁 국방부 장관 해임. 1971.8.25
〈군 관련자 문책〉
▷김두만 공군참모총장 보직해임. 1971.8.25
▷이주표 공군본부 정보부장 준장 보직해임
▷김재엽 공군 2325 전대장 대령 보직해임
▷이형복 공군 2325 전대 공작과장 보직해임
▷한총 209파견대장 소령 보직해임(209파견대(684부대)는 71.8.23일부로 해체)
〈군 관련자 형사처벌〉
▷김재엽 2325전대장 대령 : 71.12.6. 공군 보통군법회의에서 직무유기죄로 징역 6월 및 집행유예 2년 선고, 12.30. 고등군법회의에서 선고유예
▷한총 209 파견대장 소령 : 12.6. 직무유기죄로 징역 10월 선고, 12.30. 징역 6월 선고(위원회, 『실미도 보고서』, 294쪽)

나, 당시 일간지에 나타난 생존 공작원들로 추정되는 자들의 도피 행각 기사는 이를 비웃고 있다.

김웅수의 지시를 받은 김이태가 생포된 공작원 4명에게 "월남에 함께 가자. 아무 얘기도 하지 말라"며 함구령을 내렸으며, 이런 상황에서 국회진상조사단의 조사 활동은 철저히 무위로 돌아갈 수밖에 없었다.

2) 생존 공작원 4명에 대한 공군의 수사와 기소 그리고 재판

박정희의 특명에 의해 구성된 국방부 군특명검열단은 중정 등 관계기관의 책임 부분을 조사하지 않은 채 3일간의 수박 겉핥기식으로 사건 조사를 끝냈고, 이를 이어받아 계속된 공군 수사기관은 민간인 초병 살해 외의 살인·상해죄 등 나머지 범죄에 대해 민간법원 및 수사기관이 관할권을 갖고 있음에도 불구하고 이를 이관하지 않고 미결 상태로 둠으로써 사건을 축소·은폐하였다. 수사와 기소 단계에서 모두 구속 사실 및 변호인 선임권 미통지,[92]

92 당시 공군보통검찰관이었던 송인준은 위원회 면담조사에서 군법회의법 상 규정되어 있는 구속사실 통지 위반 이유는 "당시 사회분위기 상 군법회의법에 따라 가

재판의 미공개 및 상고 미제기 등에서 국가의 회유와 협박이 존재하는 등 탈법적· 불법적 행위가 저질러졌다.

3) 관련 문서 및 자료 폐기

사건이 발생하자 공군 2325부대와 209파견대에 보관되어 있던 실미도 부대 관련 자료가 대량 파기되었다. 보안사에서 작성한 위 문서에서 "사건과 관련된 제반 증거물 전량 회수 보관 중"이란 대목으로 미루어 사건 당일 있었던 청와대 대책회의에서 관련 문서의 폐기 방침이 섰을 것으로 판단되는데, 사건 당시에 일부 문서가 파기됐으나 모든 관련 문건이 파기된 것이 아니라 공작원 개인기록 카드 등 일부 문서가 1998년까지도 남아 있었던 것으로 보인다. 문서 파기에 가담했던 자들의 진술이다.

족 등에게 구속사실을 통지할 분위기가 아니었다. 당시는 실미도 사건의 내막이 모든 사람들에게 알려질 위험성이 있었으므로 유족에게도 할 수 없었다"라고 군법회의를 무시한 보안 타령을 하고 있다. 그는 직무유기로 구속된 2325부대장 김재엽에게는 보안부대 사무실을 비워 구치소로 사용하게 했으며, 가족들과의 면회도 자유롭게 배려했노라 진술했다(2006.2.7. 헌재 재판관 사무실).

김이태(2006.5.25. 목. 문서 폐기 관련 전화면담)

1. 문서를 폐기했는가?

답: 맞다. 8월 23일 사건 당일 밤에 작전과 최재승 대위와 함께 관련 서류를 태웠다. 양이 많았다. 보고서에 있던 비행기 타는 사진은 내가 챙겼다. 서류들이 작전과에서 나온 것 같더라.

2. 문서는 누가 관장했는가?

답: 공작과 정봉선이가 다 알 것 같다. 사건 당일 김웅수는 보지 못 했고, 김재엽에게 전화해서 "우리 애들 맞는 것 같습니다"라고 보고했다.

김영(공작과 소속. 2006.5.25. 목. 전화면담)

1. 관련 서류 폐기 지시를 받았는가?

답: 8·23 당일 국방부로부터 일체 서류를 다 소각시키라는 지시가 내려왔다. 김재엽 2325 부대장이 진두지휘했다.

2. 과거 공작원 기록도 있었는가?

답: 있었다. 대외비로 50년부터 작성된 공작원 카드가 있었다. 공작원 동향 기록, 해고자 사찰기록 등. 공작 보안 차원이다.

3. 기록들은 어디로 갔는가?

답: 국방부 정보사령부로 통합될 때 공작원 명단과 카드 등이 자

동으로 다 넘어갔다.

4. 기록 보존은 잘 되었는가?

답: 1년에 한 번 실시된 중정 감사에 대비하여 참고자료로 연도별 공작원 명단과 미귀환자 명단 등을 내가 정리하고 작성했다.

김이태 진술에 따르면 공군 2325부대는 중정 감사 대비용으로 공작원 개인기록 신상 명단을 보유하고 있었고, 따라서 사건 당시 대부분의 실미도 공작원 관련 기록이 파기는 됐으나 일부는 남아 있었던 것으로 추정된다. 이후 1998년도까지 남아 있던 관련 자료들이 정식 문서가 아니라는 이유로 파기되는 수순을 밟았다.

국방부 정보본부 보안감찰실 내사관 조길제가 수집운영처 수집3과 이승주에게, 이승주는 다시 공군 25전대 정작과장 이경렬에게 (1) 공작원 동향시찰 결과보고서(1, 2권) (2) 공작원 카드, 공작원 사찰기록부, 연도별 공작원 파견, 나무상자 내 보관서류(사망공작원철(실미도) 1부 등을 이관한 것으로 파악되었으나, 이경렬에 의해 모두 파기된다.

조길제로부터 관련 문서를 인계받은 이승주[93]의 진술이다.

93 소령. 부관감실. 제대군인과. 2006.5.25. 11:05 전화면담

조길제가 "중정 감찰 기능이 없어졌다. 더 이상 공작원 카드를 보관할 필요 없다"고 하면서 나에게 넘겨주었는데, 수집운영처에 넘겨주기 전에 한 번 훑어 봤다. 사진은 붙어 있지 않았고 갈색 갱지 같은 종이였다. 수집운영처에 같이 근무했던 후임자에게 인수/인계증을 만들어 철해서 인계했다. 정보사령부에서 갖고 있을 필요가 없다고 하는데 공군에게는 필요할 것 같아서 25전대가 처리하는 걸로 했다. 아무 표시가 없었다.

다음은 이경렬의 증언이다.

1. 실미도 관련 자료를 언제, 어떻게, 누구의 지시를 받고 폐기하였는가?

답: 1998년 가을. 25전대 본부 우측에 위치한 소각장에서 폐기하였다. 인계 받은 서류 중 나무상자에 들어 있던 서류는 어떤 것인지는 기억이 없으나 차후 필요할 것 같은 서류만 내가 빼놓고 나머지 서류는 다 소각시켰는데 그때 실미도 사망 공작원 서류도 소각을 시킨 것 같다. 누구와도 의논하지 않았다. 그쪽에서 불필요하다고 해서 내가 갖고 있었는데, 업무에 별로 참고가 될 것 같지 않았다. 과거 일에만 연계되어 있었고, 내 업무와는 무관하다고 판단했다. 폐기 과정에 정식 문서 행위를 하진 않았다.

계속 갖고 있기가 껄끄러웠다. 그동안 '갖고 있다가 필요하면 쓰고'라고 생각했는데 업무를 해 보니 별로 필요 없었다.

2. 혹시 폐기문서 중에 공작원 리스트가 있었는가?

답: 있었던 것 같다. 그런데 계속 보관하기 껄끄럽다고 판단했고, 더 갖고 있으면 문제가 될 법하다고 생각했다.

3. 공식 문서들이 아니었는가?

답: 정식 등재된 문서가 아니었다. 정식 문서이관 목록에 들어 있지 않았다. 공무처리상의 책임이 있다면 받겠지만 공식 문서가 아니었다. 내 업무와 관련하여 공문서 행위에 문제가 있는지 여부만이 척도였다. 본인 업무 영역 내에서는 잘못된 게 없다.

다음은 정석구[94]의 진술이다.

정보사령부 통합 시 정보과에 있던 일반 문건과 자료 갖고 갔다. 비문파기 일자가 있었기 때문에 그에 맞춰 처리했다. 공작서류가 감찰실로 넘어왔다. 옛 공작원 해고 이후 동향 내사 자료가 있었기 때문인데, 이들이 불법 활동을 하고 있지 않은지 감시하

94 2325 정보과 근무. 1979 입대. 심사분석관. 2006.5.25. 13:10 전화면담.

기 위해서였다. 2급 대외비로 찍혀 있었던 것 같다. 공작원 카드에는 3급이 찍혀 있었던 것 같고. 바인더 식으로 되어 있었고, 목록 뒤에 '비밀 열람권' 표기가 되어 있었다. 예고문을 준 것으로 기억하는데 오랜 기간을 설정했던 것으로 기억한다. 파기 일자, 수정, 연장 등의 경우에 예고문을 주도록 되어 있었다.

김영은 공작담당을 오래했기 때문에 실미도 부대 사건에 대해 감회가 새로울 것이다. 조길제는 해군 출신으로 문서 성격을 몰랐다. 나는 실미도 문서가 중요하다고 생각했다. 당시에는 비문이었다. 예고문도 있었고 정식 문건이었다. 하지만 문건에 대한 책임은 누구도 지지 않았다. 비문이었기 때문에 보안감사도 받았다.

결국 누구도 책임지지 않은 채, 잊혀진 부대인 실미도 부대 공작원의 존재를 입증할 수 있는 관련 자료가 상부로부터의 지시 또는 정식 문서가 아니라는 이유로 문서 담당자들에 의해 체계적으로 파기되었고, 사건을 입증할 물증이 사라짐으로써 온전한 사건의 실체는 아직도 베일에 싸여 있다.

6. 재판

"베트남에 같이 가자",
"기억이 나지 않는다"

체포된 생존 공작원은 조개고개에서 자결을 시도한 김병염과 유한양행 앞에서 체포된 공작원 이서천, 임성빈, 김창구, 김종철 등 총 5명이었다. 체포 직후 영등포시립병원에서 김종철은 당시 《경향신문》과의 인터뷰에서 자살을 시도했으나 살아났다고 하면서 가족, 고향 등에 대해 언급하고[95] 다수의 언론들이 부모를

95 문 : 당신은 누구냐?
답 : 나는 경기도 인천 가까이 있는 ○○○ 소속 소위 김종철이다. 지난 60년도에 D고등학교를 졸업, 61년도에 입대했다. 고향은 대전시 성남동이고, 아버지를 비롯해 가족들이 살고 있다.
문 : 난동 동기는?
답 : 언제 죽을지 모르는 몸이다. 살기가 싫다.
문 : 주동자는 누구인가?
답 : 나다. 낮 12시에 부대에서 24명이 나와 인천 송도 부근에서 잠시 해수욕을 하고 주안으로 나와 버스를 탈취, 내가 직접 운전해 서울로 올라온 것이다. 대방동 삼거리에서 경찰의 총격을 받고 유한양행 앞까지 오는 동안 몇 명은 뛰어 내리고, 대부분은 유한양행 앞 버스 안에서 수류탄을 터뜨려 자폭했다. 나도 죽으려고 수류탄 안전핀을 뺐으나 복부에 파열상만 입고 살아났다.
문 : 현재의 심경은?
답 : 죽으려 했는데 우리들의 이번 난동의 동기 등에 대해 지금 말할 순 없으나 후에 밝혀질 것이다(《경향신문》, 1971.8.24).

현지에서 인터뷰[96]하는 등의 흔적을 남겼는데, 불명확한 이유로 사형수 4명에는 포함되지 않았고, 이후 김종철의 행방은 묘연하다. 벽제 유해 발굴 시 유가족 DNA 검사를 했으나 일치된 시신이 나오지 않았다.

이서천, 임성빈, 김창구, 김병염 등 사형수 4명의 피의자 신문조서와 재판기록에는 이들의 군적이 드러나고 있다. 위원회가 공군교육사령부실지조사에서 이들의 군적기록 페이지가 뜯겨져 나갔음을 확인하였다. 김창연은 1969년부터 이들 공작원이 군적에 올라 있어 부식비 등을 수령했다고 증언하고 있다. 공작원들은 자신의 군번을 각각 임성빈 7319455, 이서천 7319454, 김병염 7319470으로 기억하고 있다.

최초로 사건을 조사했던 공군 보안대는 1971년 8월 24일에 이들에게 초병 살해, 공용 건조물 방화, 소요, 살인, 강도 살인, 폭발물 사용죄 등 6개 죄명을 적용하였으나, 공군 검찰부는 공작원들

96 기사에 따르면, 대전시 성남동에 사는 아버지(60세), 어머니(49세)는 "4년 동안이나 소식이 없어 죽은 줄 알았던 자식이 미친 짓을 하다니 … 난동의 주범이 내 아들인가 확인해 보고 싶어 면회라도 가야겠지만 돈이 없어 가지도 못 한다. 죄 진 대가를 받아도 싸지만 저 하나로 인해 많은 목숨을 잃게 한 죄인"이라며 통곡하였다(대전 강웅회 기자《경향신문》, 1971.8.24).

이 민간인 신분이라고 판단하여 초병살해죄만 적용하도록 하였다. 재판은 일사천리로 진행되었다. 1971년 11월 5일에 공군 보통 군법회의[97]가 개최되었는데, 재판장이 군사 보안 상의 이유로 공판의 공개를 정지시켜 비공개로 진행되었고, 유가족들에게 통지는 전혀 이루어지지 않았다. 1개월 후 12월 6일에 공군 보통군법회의에서 4명에게 사형이 선고되고, 12월 8일에 4명 전원이 항소장을 제출[98]하였으나 12월 21일에 공군 고등군법회의에서 항소가 기각[99]되었다. 그리고 이들 4명은 민간법정으로 갈 수 있는 대법원 상고를 포기[100]하였다. 이때 일반 국민에게 실미도 사건의

97 재판장 대령 김경태, 심판관 대령 이창수, 심판관 대령 정진태, 심판관 중령 김원기, 법무사 중위 동상홍. 검찰관 송인준, 국선 변호인 여운성. '군법회의 공판조서' 『재판기록』.

98 항소장, 수신 : 공군본부보통군법회의, 다음 피고사건에 대한 판결은 불복이므로 항소를 제기합니다, 1971.12.8. 접수 : 공군 106헌병대 형무계 헌병 중사 구창부. 『재판기록』.

99 확인서, 항소를 기각한다, 1971.12.21. 공군고등군법회의 관할관 공군대장 옥만호. 『재판기록』.

100 피고인은 고등군법회의 판결에 대하여는 대법원에 상고할 수 있으며(동법 432조), 사형이 선고된 판결에 대하여 상고의 포기를 할 수 없다(동법 396조). 위원회 조사결과 공군 은 김이태 소대장 등을 내세워 국회진상조사단 면담 회피를 위해 월남파병 등의 조건을 제시(위원회 면담조사. 2005.9.22, 2006.2.16)하였으며, 이는 김재엽의 상고 포기 종용과 마찬가지로 대법원까지 가게 되면 일반 국민에게 실미도 부대의 실체가 알려지기 때문에 이를 막기 위한 것이었던 것으로 확인된다(국선변호인 여운성에 대한 위원회 면담조사, 2006.3.16).

진상이 알려지는 것을 꺼린 중정이 공군 수뇌부에 압력을 가했을 가능성이 있는데, 김이태는 본인이 김응수의 지시로 이들 4명에게 "베트남에 같이 가자"며 상고 포기를 종용했다고 진술하고 있다. 상고 포기 후 12월 29일에 사형이 확정되고 사건 발생 후 채 7개월도 되지 않은 이듬해 1972년 3월 10일에 이들은 형장의 이슬로 사라졌다.

이들의 시신을 매장했던 현장 책임자 시설대대 상사 오수상은 지금도 "기억이 나질 않는다"며 암매장지의 정확한 위치에 대해 모르쇠로 일관하고 있다.

사형 집행 책임자였던 김중권은 끝내 위원회 조사 면담에 응하지 않았으며, 암매장지 관련하여 모르쇠로 일관하다가 최근 한 언론 인터뷰를 통해 "사형집행 후 이들 4명을 무·연·고·자로 처리했고, 이들이 수감되어 있었던 곳이 대방동 공군본부 헌병대대 감방이었기 때문에 대방동에서 처리했다"고 증언[101]한 바 있으나, 이전 공군검찰부 조사에서는 "오류동에서 처리하겠다는 담당자 발언을 확인했다"고 진술한 바 있어서 그의 주장은 신빙성이 없다.

---

101 《중앙일보》, '그 날의 총성을 찾아 : 실미도 50년' 기획기사 시리즈 '사형시킨 4명 대방동에 묻었다, 48년만의 고백,' 2020.10.24.

이들의 사형집행은 철저히 비밀에 부쳐졌고, 시신 처리와 매장 등 관련자 70여 명은 보안각서를 제출하도록 강요받았다. 사형집행 내용은 군사기밀에도 해당되지 않는 것으로, 이들이 작성·제출했다는 보안각서는 원천적으로 무효이다. 그러나 오류동으로 추정되는 암매장지와 관련하여 아직도 관련자들은 보안각서를 핑계로 정확한 내용을 증언하지 않고 있고, 공군과 국방부는 예전의 벽제 매장설, 유실설만 주구장창 낡은 레코드판 돌리듯 반복하고 있다.

7. 횡령

"뜯어 먹어도 그렇게 뜯어 먹을 수가 없어"

중정이 책정했던 공작비의 액수는 상당했던 것으로 나타난다. 하지만 이 공작비는 전혀 공작원들을 위해 쓰이지 않았고 공금횡령은 다양한 층위에서 이루어졌다.

중정의 정보비, 공작비는 중정 예산처에서 관리하며, 각 군 정보부대에 정보 예산이 편성되면 예산처에서 지급되었다. 그런데 각 군 정보부대에 편성된 정보비, 공작비는 '눈 먼 돈'이어서, 책정된 예산이 제대로 집행되지 않았다. 중정은 실미도 부대 운영 예산으로 첫 해인 1968년 예비비 지출 이후, 1969, 1970, 1971년까지 정식으로 공군 2325부대에 특수요원 양성비, 정보비 명목으로 월 주식비 60,000원, 부식비 280,000원, 봉급 120,000원 등 총 460,000원이 공작원에게 지출되도록 되어 있으며, 2325부대장 결재 하에 파견대장에게 지출되었다. 하지만 실미도 공작원들에게는 3,200원씩 3개월의 봉급만 지급되었고, '개밥을 훔쳐 먹어야 했던' 열악한 부대 배식 등 예산 횡령은 명백했는데, 이에 대해 중정과 공군은 서로 책임을 떠넘기고 있다.

예산 집행 라인은 중앙정보부→공군본부→2325부대장→공작과장→209파견대장→209교육대장이었고, 공금 횡령은 각각의 모든 단계에서 진행된 것으로 판단된다.

중정의 윤진원은 실미도 부대 예산이 다 내려갔으나 공군에서 횡령했다고 주장하고 있다.

1. 실미도 부대 예산은 예정대로 다 지출되었는가?

답: 정보비가 컸다. 공군 공작관이 중간에서 특수 부식비 떼어먹었다. 나는 늘 "공작원들 잘 먹여라. 잘 해 줘라"고 했다. 그런데 보니 뜯어 먹어도 그렇게 뜯어 먹을 수가 없어. 애들은 보리밥만 먹이고.

2. 공군의 예산 착복, 부정 착복이 그렇게 심했다면 제재를 가했어야 하는 거 아닌가?

답: 내 일이 아니라서 안 했다. 공군이 알아서 했어야지.

공군 정보국장(1969.2.1~71.8.26 재직) 이주표는 공군 지휘부의 예산 전용 의혹에 대해 "중정에서 배정된 예산이 모두 내려왔다는 근거는 있는가? 예를 들어 당시 상황은 부대에 배정된 기름이 부대에 도착하기 전에 이미 떼어지고 들어오던 때인데 부대 안에서 없어진 것만으로 모든 것을 파악하려고 하면 안 된다. 중정에서는 예산에 손 안 댔고 부족한 부분이 모두 공군에서 없어졌다고 하면 제대로 밝혀지겠나?"라고 하면서 중정에서 상당 액수가 미리 횡령되었을 것이라고 주장하고 있다.

공군참모총장 김두만은 창설 시 중정과 직접 연계해 활동했던 2325부대가 공금을 횡령했을 것으로 보고 있다.

> 1. 정보부대의 예산 사용에 대해 어떻게 생각하는가?
>
> 답: 공작하는 애들이 질이 낮다. 예산 전용 책임 있다. 짐작이 간다.
>
> 2. 공군에서 따로 예산을 지급한 일이 있는가?
>
> 답: 1970년 말, 71년 초에 공군 예비비를 지급했으나 별 효과가 없었다.

실미도 부대 창설을 중정에 제안하고 그해 말에 보직 변경되었던 2325부대장 유태원은 "중정으로부터 국고금으로 공작비를 본인이 받아 김웅수에게 직접 전달했으며, 공군에서 책정된 예산은 없었다"[102]고 하는데, 첫해 중정 예비비로 지출된 예산은 곧바로 2325부대로 전달된 것은 맞으나, 1969년부터는 중정이 승인하여 공군에 책정한 정보비가 정식 통로를 거쳐 예산이 집행되었다. 따라서 통상적인 예산 집행 절차와 각 단계의 책임자들이 예산 규모와 집행 내역을 몰랐을 리가 없으며, 설혹 몰랐다고 하면 관리 책임을 저버린 직무유기다.

보급 담당 조대희는 창설부터 재직했던 209파견대장 김응수가 1970년 11월 공작원 3인의 강간 피살 사건으로 경질된 뒤 자신을 만나자고 해 "부식비를 현재 받고 있는 금액보다 2배 이상 더 받았노라고 차기 파견대장 한총에게 허위 보고할 것"[103]을 지시받았다고 밝힘으로써 공금 횡령을 시인하였다. 상납을 어떻게 했는지는 구체적으로 밝히지 않았으나 지휘계선은 군수·작전·공작과→부대장→ 정보국장→ 참모총장 라인이었다. 조대희가 공작원 봉급이나 특별 부식비 등을 수령한 사실이 없었다는 진술은 공작원 훈련 등 정보비가 공작과 선에서 이미 다 소진되었거나 전용 형태로 사용되었음을 뜻한다. 그는 부대 관련 물품 수령 경위나

102 『위원회 보고서』, 256쪽.
103 『위원회 보고서』, 257쪽.

근거 서류는 "2325부대 군수과장, 작전과장의 결재 하에 공작과장도 간여를 하고 있으며, 제 증빙서류는 군수과 및 보급반에 있고, 작전과에는 지출증에 의한 명세가 기록되어 있고, 헌병대에 제출한 지출증"을 보관 중이라고 진술하고 있다. 정보비가 공작과 뿐만 아니라 군수과, 작전과 등 여러 부서에서 횡령되었을 것으로 추정되는 대목이다. 사건 직후 공군 조사에서 209파견대는 교육대장 김순웅의 서명이 들어간 동일한 필체의 영수증을 제출하였으나, 김순웅의 가족은 '가짜' 서명이라고 주장하고 있다. 사건이 발생하자 헌병대 조사에 응하기 위해 급하게 만들어진 가짜 영수증으로 보인다.

조대희는 부대장으로부터 55,000원을 매달 수령하였으며, 물품구매 장부도 비치하지 않고 주먹구구식으로 운영했다고 스스로 밝히고 있다.

그가 기억하는 사건 발생 즈음의 부식 구입 내역은 공작원들이 기억하는 것과 다르다. 부식 구입 자체가 이루어지지 않았을 가능성과 구입 후 다른 곳으로 전용되었을 가능성 모두 존재한다.

조대희가 8월 27일에 이루어진 조사(『재판기록』)에서 진술하는 8·23사건 직전, 총 50,000원의 부식비로 구입했다는 내용은 다음과 같다. 조대희가 제시한 물품 구입 일자는 사건 다음 날인 8월

24일도 포함되어 있다.

〈부식비 수령 및 50,000원 중 8월분 첫 부식 구입 내역(1971.8.10)〉

〈1971.8.12.〉

김	6톳	단가 500원	3,000
쇼팅	2개	550원	1,100
콩나물	3관	200원	600
무우	1가마		2,000
감자	1가마		2,000
미원	1봉지	1kg	600
다마네기	5관	200원	1,000
멸치	2포	1,200원	2,400
고춧가루	1관		3,500
계			16,200

〈1971.8.17.〉

프라스틱 바가지	3개	350
양푼	2개	1,200
소금	1가마	950
밀가루	2포	2,100

〈1971.8.19.〉

카레분	8인용 20개	2,000
미역	20장	5,000
새끼북어	40두름	2,000
파	2단	400
카베츠	10관	2,500

〈1971.8.24.〉

감미료		2,500
소주 와룡	**3병(1되)**	**600**
담배 신탄진	**30갑**	**1,800**
짱아찌(마늘)		1,000
파	2단	500
간장	4병	400
김	6톳	300
양파	5관	1,000
감자	5관	500
멸치	2포	2400
총계		49,150

실미도 부대 정보비 수령은 파견대장 한총이 하고 일부를 김순웅 교육대장에게 지급하면 김순웅은 소대장과 보급 담당자 등에게 수고비조로 일부를 지급했던 것으로 나타났다. 공금 횡령의 공범자들을 만들기 위한 행위였을 것이다.

계속되는 조대희의 진술을 살펴보자.

문: 정보비는 누가 수령하나요.

답 : 한총 소령이 수령하여 교육대장에게 일부 주는 것으로 알고 있습니다.

문 : 교육대장이 사용한 정보비 내역은 무엇인가요.

답 : 3개 소대장 3,000원씩 상사 김창연 3,000원, 문관 박재선 3,000원, 본인 3,000원 도합 18,000원과 후보생 기간요원 연초비 백조, 때로는 금잔디, 화랑도 지급하는 바 2일에 1갑 지급하고 있는 외에는 잘 모르겠습니다.

조대희는 급식 계획은커녕 주부식 재료 구입도 주먹구구식으로 이루어졌다고 진술하고 있다.

문 : 물가 조사한 일 있나요.

답 : 없습니다.

문 : 급식 계획에 대하여 알고 있나요.

답 : 사전에 급식 계획에 대하여 들은 바 없습니다.

문 : 메뉴를 알고 있나요.

답 : 사전에 연락 받은 사실 없고, 알려주지 않으니까 모르고 다만 구매 요구를 보고 이번 주에는 대개 무엇무엇을 먹이겠다는 사실을 알고 있습니다.

문 : 그러면 209파견대에서는 부식 조달에 있어서 일정 양의 칼로리를 계산하고 부식비와 시중 물가를 감안하여 급식계획을 수립하여 급식하고 있었나요.

답 : 본인이 알기로는 계획이나 물가조사 또는 칼로리 관계는 신경을 전혀 안 쓰고 종류에만 치중한 것으로 알고 있습니다.

문 : 그러면 진술인과 급양반과는 상호 어떠한 상의, 물가변동에 따른 구매 요구 등을 수시로 한 바 있나요.

답 : 그것이 아니고 정규환이 물품명과 수량을 적어서 보내면 그 수량과 품종을 구매해서 보내는 일방적 시스템이었습니다.

문 : 어째서 50명 분을 수령하였나요.

답 : 2325부대 관리과에서는 강찬주, 황철복, 강신옥이 사망한 것을 삭제치 않고 그대로 분출하기 때문에 50명 분이며 그 이유는 모르겠습니다.

문 : 후보생들의 부식비는 누구 명의로 나오나요.

답 : 후보생 각 개인 명의이며, 보급품도 후보생 각 개인 명의로 2325본부에서 나오고 있고, 봉급만 지급치 않았습니다. 그래서 그 이유를 물어 보았으나, 공본에서 그렇게 나오고 있다고 함으로 그런 줄 알고 있습니다.

문 : 더 할 말 있나요.

답 : 교육대장 김순웅이 매월 연락비 10,000원을 본인에게 주었는데, 매월 부두에서 각종 보급품 및 구매물품 전역비와 운반비, 본부와의 연락 차비 및 기타 잡비로 소비하였고, 8월분 10,000원과

소대장급 영외자에게 지급하는 3,000원은 수령치 못하였습니다.

조대희보다 먼저 후방업무를 담당했던 김창연은 정보비 관리는 부대 본부로부터 파견대장이 수령해 온 다음 파견대장이 직접 운영해 왔다고 밝히고, 1971년 3월부터 교육대장 김순웅으로부터 매월 3,000원씩 받아 왔으며, 공작원은 "군인이 아니기 때문에 봉급이 나오지 않아 파견대장이 정보비 중에서 개개인에게 봉투에 넣어 초창기부터 약 1년간 주다가 중단"된 것으로 알고 있다고 했다.

또 파견대장으로부터 받은 보조비 20만 원을 포함해서 월평균 22만 원으로 부족한 쌀과 부식들, 기타 담배, 감미료 등을 구입하였다고 진술하고, 조대희와는 달리 메뉴 작성 및 물품 구입 명세를 교육대장, 각 소대장과 상의하여 월평균 12만 원 범위 내에서 부식물을 구입하고, 10만 원으로는 담배, 보조미, 감미료 등을 구입하였고, 서류는 소각 처리했다고 하는데 이 주장은 신빙성이 떨어진다. 김창연이 진술하는 월평균 물품구입 명세는 쇠고기, 달걀 등이 포함되어 있어 조대희보다 화려하다.

보조미	6,300(가마 당)×6	= 37,800
담배(파고다)	50원×900갑	= 45,000
쇠고기국 및 국거리 등		= 40,000
채소류(양배추, 외파, 파, 콩나물 등)		= 30,000
조미료		= 20,000
달걀(1,800개 정도)		= 20,000
감미료(설탕 등)		= 27,000
총계		193,000

문: 담배는 어떻게 분배하고 있었는가요?

답: 기간장병 및 후보생 등에게 2일에 한 갑씩 지급했습니다.

문: 계란은?

답: 매일 1알씩 조식 때 주었습니다.

문: 기타 감미료는?

답: 교육이 끝난 후 오후에 주었습니다.

문: 감미료의 종류?

답: 설탕, 사탕, 과일, 빵 등입니다.

문: 조대희 중사에게 인계한 후로도 계속 전시와 같이 지급했는가요?

답: 69년 5월경까지는 지속되어 오다가 그 후부터는 보조금이 적게 나와 차차 부식이 나빠진 것으로 알고 있습니다.

문: 후보생들에 대한 부식비를 언제부터 타게 됐는지 알고 있는가요?

답: 69년도부터 후보생들이 이등병으로 군적에 등재되어 그들의

부식비로 나온 것으로 알고 있습니다.

문: 연이면 당초 후보생들의 피복은 어떻게 지급됐는가요?

답: 창설 당시 파견대장인 김응수 소령이 후보생들의 위장복 120착, 베레모, 빤쓰, 넌닝샤스, 군화, 훈련화, 혁대 등을 중앙정보부에서 지불된 정보비로 구입하여 입혔고, 군적에 등재된 후부터 그들의 피복이 정식으로 할당되어 부대 본부로부터 수령해와서 분배하였습니다.

문: 연간 지급량은?

답: 제가 취급치 않아 잘 모르겠지만 배에 싣고 가는 것을 보면 일반 군인 지급보다 3-4배 지급되는 것으로 알고 있습니다.

문: 기간요원들도 함께 지급되는 것인가요.

답: 네. 그렇습니다.

문: 기타 소모품의 지급은?

답: 정기 보급품과 같이 나오고 있지만 부족되어 시중에서 구입하여 주고 있었는데, 그 품목은 치약, 칫솔, 세탁비누, 세면비누, 수건, 양말 등을 교육대장이나 조대희 중사가 구입하여 주고 있습니다.

서류상의 정보비 총액 460,000원은 다 어디로 갔을까? 분명한

건 공작원들이 봉급도 받지 못하고 주부식이 열악한 상태에서 비참한 생활을 강요당했다는 사실이며, 이는 책정된 실미도 공작원 관련 예산이 중간에 착복되었음이 분명하다는 사실이다. 엄연한 국가 예산을 마치 '눈 먼 돈'처럼 이리저리 떼어 먹었던 자들, 공작원들을 비참하게 만든 공금 횡령자들을 반드시 찾아내어 그 책임을 물어야 한다.

8. 발굴

"오빠, 이 나라를 절대 용서하지 마!"

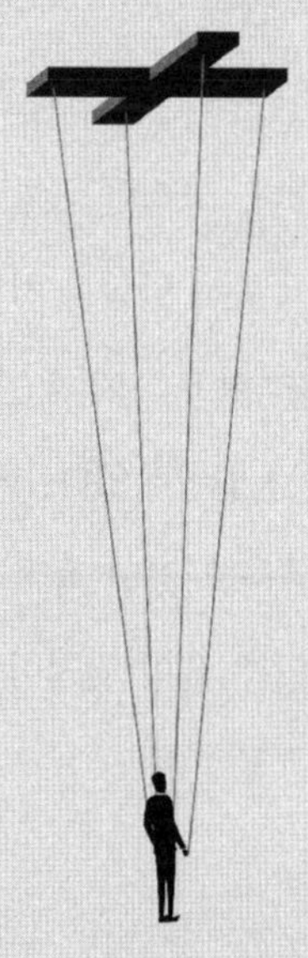

유해 발굴은 유가족이 가장 바라고 있던 바였다. 위원회 출범 전, 유가족들은 이미 한 방송사(SBS)와 벽제에서 공작원 유물 일부를 확인한 바 있으나 국가가 해야 할 일이라는 판단에서 덮어 두고 있었다.

위원회도 유해 발굴은 눈으로 직접 확인할 수 있는 가장 확실한 증거라고 생각하고 2005년 8월, 실미도 사건이 조사 개시되자마자 서류와 문서, 관련자들에 대한 조사와 병행하여 유해 발굴이 반드시 진행되어야 한다는 결론을 내리고, 국방부와 유해 발굴을 위한 협의에 들어갔다. 그러나 국방부는 선뜻 나서지 않았다. 원래는 실미도 TF에서 유해 발굴을 하려고 했으나, 해단 시기가 도래하고 있어서 불가능했고, 위원회는 유해 발굴이 진상규명에 절대적으로 필요하다는 입장이었다. 국방부는 당시 한국전쟁 전사자 유해 발굴을 담당하고 있던 육군 유해 발굴단의 임무와 배치되고, 이미 계획된 연중 운영 일정이 끝났다는 이유로 불가능하다고 했다.

먼저 유해 발굴 주체와 관련된 합의서 체결 문제가 떠올랐다. 위원회는 유족과의 마찰 방지 목적으로 양해각서가 필요하다는 판단이었는데, 국방부는 유족의 과도한 요구 시 위원회가 유족에게 끌려다닐 수 있는 빌미를 제공할 것을 가장 우려하였다. 이는 양해각서의 주체를 누구로 할 것인가의 문제로 연결되었다. 국방부는 국방부 장관이 유족 대표와 동등한 주체가 될 수 없다고 했는데, 그 이유는 여태까지 장관이 유가족과 직접 각서를 체결한 경우가 없었으며, 만약 장관이 주체로 양해각서를 체결할 경우 유족에게 국방부가 끌려다닐 수 있기 때문이라는 것이었다.

위원회와 국방부는 사건 담당인 조사2과장이 주체가 되어 유족 대표와 양해각서를 체결하는 것으로 결론지었는데, 이유는 유족과 지속적으로 접촉할 수 있는 사람을 양해각서의 주체로 함으로써 상호간 신뢰를 향상시킬 수 있고, 위원회와 국방부 전체가 유족에게 끌려다닐 소지를 줄일 수 있으며, 양해각서의 내용에는 법률적 내용이 없는 단순히 양자 간의 지침적 성격을 지니기 때문이라는 것이었다. 구차했다.

유해 발굴 양해각서의 주체는 실미도 사건 책임의 한 축으로서 국방부 장관이 하는 게 맞다. 이런저런 핑계를 대며 끝까지 어떠한 책임도 지지 않으려 했던 모습을 여러 차례 확인하면서 입 안이 씁쓸했다. 굳이 저렇게까지 해야 하나? 국방부가 장관 이름으로 유해 발굴의 주체로 적극 나서고 나중에 모든 책임을 시원하게 인정할 수는 없었을까?

그리고 유해 발굴 내내 사사건건 부딪쳐야 하는 인물이 있었다. 위원회 출범 전에 만들어졌던 실미도 TF 단장 이정석(공군 준장). 이정석은 밥그릇 싸움, 기득권 지키기의 전형을 보여주었는데, 그는 암매장지 관련한 중요 참고인을 사주하고, 위원회의 유해 발굴을 집요하게 방해하였다. 겉으로는 "기간병들에 대한 정책적 배려가 있었으면 좋겠다"는 이유를 대 가면서.

그는 위원회와의 업무 분장 문제가 대두될 때마다 예민해졌는데, 위원회는 2005년 8월 8일에 이 단장이 보고한 TF의 '실미도 사건 진상조사 결과'가 총 31명의 공작원 중 21명의 신원 확인 노력은 평가할 만하나 정치를 배제하고 팩트 위주로만 조사했다는 주장은 받아들이기 어려웠다. 또한 빠른 시일 내(8월 말)에 중간보고 형태로 언론에 명단을 발표하고 보상문제를 검토하겠노라는 건의안은 위원회의 실미도 사건의 조사 개시 의미를 퇴색시키는 것이었고, 언론 보도와 보상을 연계하는 것은 더더군다나 받아들일 수 없었다. 위원회는 보상이 중요한 게 아니라 먼저 제대로 된 진상규명이 필요하다고 보았다. 무엇보다 TF 보고서는 "누가" "왜?"

"어떻게"라는 질문이 빠진 것으로, 국가 어느 기관이 실미도 부대를 만들었는지, 과정은 어떠했는지, 실미도 사건은 왜 발생했는지, 사후처리는 어떻게 진행되었는지, 유해의 행방과 발굴 문제 등 기본적인 과거사 진상규명에 필요한 질문과 답을 포함하고 있지 않았다. 그리고 창설 주체로 추정되고 있던 중정(현 국정원)이 보유하고 있는 관련 문건의 발굴 필요성, 당시 박정희 정권의 대내외적 정치 환경과 정세판단 미흡, 국가 공권력의 남용 문제 지적 부재 등의 문제도 제기되었다.

위원회는 TF 팀 관련 문서의 전체 이관과 보고서 전면 재검토, 그리고 해당 사건 조사과인 조사2과가 실미도 사건 보고서를 처음부터 다시 쓸 것을 결정하였다.

이정석은 이후 가짜 정보 제공과 유족 비방 등 집요한 방해공작을 폈다. 가짜 정보 제공의 사례를 들어 본다. 위원회는 조사 개시 결정 직후인 2005년 8월 25일, 암매장지로 추정되는 벽제 시립묘지와 오류동 공군 2325부대 전 주둔지를 실미도 TF와 함께 답사하기로 하고 출장에 나섰다.

(아침부터 비가 많이 옴)

이: 이런 날은 움직일 수 없다. 다음에 가자.

나: 안 된다. 실미도 팀 전원이 답사에 동행하기로 했고 일정 변경은 어렵다.(각 차량으로 출발, 조사관들이 벽제로 가 있었는데 안 보임. 한참 후 나타난 이정석은 용미리가 아니라는 걸 보여 주기 위해 먼저 들렀다 온다고 변명)

이: 1998년 수해 때 유골이 쓸려 내려갔다고 한다. 그때 수습된 유골들을 모아 놓은 탑을 보았느냐? 실미도 유해는 아마 그 유해들일 것.

나: 탑은 보았다. 한 번 둘러보자.

이: 저 위에 이 동네 할머니가 증언하는 말뚝 박은 지점이 있다. 거기가 맞다. 그런데 그 지점은 골짜기를 따라 수해 때 이미 다 쓸려 내려갔다. 실미도 유해는 없다.

나: 그럼 유해 발굴 자체가 의미 없다는 얘기인가?

이: 해도 안 나온다.

나: 그럼 여기까지 왜 왔는가? 매장을 담당했던 이동식 할아버지와 유가족들이 얘기하는 지점이 있지 않은가? 거길 가 봐야 하는 거 아니냐?

이: 유족들 말 믿지 마라. 이동식 씨도 정신이 오락가락한다. 한 군데가 아니라 여기저기 지점을 찍지 않았느냐. 그런데 SBS에서 두 군데 파 보았는데 유해가 없었다. 일부 유해와 유품이 나온

곳은 유가족이 임의로 팠던 곳이다. 여긴 아무 데나 다 뼈가 나온다. 그게 실미도 부대원 거라는 보장이 없다. (계속 같은 말 반복)

나: 오류동으로 이동하자.

이: 난 시간이 없다. 국방부로 들어가야 한다. 다음에 가자.

나: 아니다. 오늘 나온 김에 오류동도 들러 보자. 정 안 된다면 다른 TF 멤버들과 가겠다.

이: (나중에 연락해 옴) 이필연과 전화 통화했는데 평평한 지점이라고 한다.

나: 쌍봉이라는 의견도 있던데? 이필연이 얘기한 게 맞는가? (여러 차례 묻자 마지못해 그렇다고 대답)

위원회로서는 현장에서 운전병으로 유해를 매장지까지 싣고 갔던 공군 106기지단 수송대대 중사 이필연이 결정적인 증인이었고 그를 꼭 만나야 했다. 9월 29에 당연직 위원인 문점수 국장실에서 업무조정 회의 시 “유해 발굴은 조사2과가 기획·총괄·통제하고, TF는 탐문조사 등을 협조”하는 것으로 논의되고 , 10월 17일, 위원회 전체회의에서 확정되었다. 그동안 수차례에 걸쳐 이정석은 나에게 계약직으로 계속 TF단장 업무를 수행할 수 있도록 위원회에 건의해 달라고 요청했으나 그 문제는 내 권한을 넘어서는 일이었다. 10월 25일에는 이필연이 오류동 현장 동행 의사를 통보해 왔으나, 이정석은 이필연이 타인과의 접촉을 극도로 꺼린다면서 조사관과 접촉을 못하게 막아섰다. 이정석은 10월 26일에 이필연이 오류동 추정지를 번복, 다시 벽제 논바닥이라고 했다고 주장했다.

내가 "그 지점은 아닌 것 같다. 논 주인 구자승 씨가 파 봐도 논이고 이미 유해 매장 훨씬 전부터 논농사를 지어 왔다고 한다. 우리는 오류동 예상 지점을 발굴할 예정"이라고 말하자, 갑자기 흥분하며 "유가족에게 멱살 잡혀 봤느냐? 둔기로 맞아 봤느냐?"고 핏대를 올렸다. 뜬금없는 유가족 타령에 쓴웃음을 짓지 않을 수 없었다.

벽제에서 첫날부터 유해가 쏟아져 나오고 유품이 발견되었음에도 불구하고 이정석은 이를 인정하려 들지 않았다. 그는 벽제 11보급대대에 안치된 유해와 유품을 보고도 "유품이 다 민간인들 거 아닌가? 유해가 옛날 홍수에 다 떠내려갔다는데"라고 기자들 앞에서 떠들었다. 혼선을 유발시킬 의도로 밖에 보이지 않았다. 나중에 서울대 법의학 교실에서 DNA 검사를 하고 공작원 일부 신원이 확인되자 입을 다물긴 했으나 사람들 앞에서 항상 "아, 정말 절묘해요. 어떻게 그렇게 비슷한 인간들을 모았는지. 부랑아,

범죄자, 무연고자 등등"이란 말을 반복했다. 이필연은 위원회 조사관들과 함께 만난 자리에서 나에게 손가락질하며 이정석을 향해 "왜 여자한테 쩔쩔매느냐? 나는 당신에게만 정보를 줄 것이다"는 말을 내뱉었는데, 여성 과장을 처음 본 자의 반응이었겠고, 자기 자리 보존에 안달하는 이정석이 불쌍했기 때문에 나온 반응이었으려니 생각한다.

위원회는 실미도 사건 조사 착수 직후인 2005년 8월 24일에 공군 법무감실에 그동안 비밀로 묶여 있던 『실미도 재판기록』을 평문으로 처리하고 총 2,290쪽에 달하는 동 기록을 입수·분석하였으며, 8월 26일에는 국방부 국과수 형사 사진과에 유족들에게 나누어 주기 위해 실미도 대원 전체 사진 확대와 각 영정사진 1매씩을 요청하였다. 이어 8월 29일에는 육군 유해 발굴단에 협조 요청 공문을 보내면서 일을 진행시켰다. 위원회의 결론은 유해 발굴이 "더 이상 미룰 수 없는 과제"로서 그 이유는 첫째, 진상규명에 절대 필요하며, 둘째 부당한 국가권력의 자의성 평가에 필요(모집, 훈련, 대우 등 인권유린 여부, 재판 과정의 불법성 등)하고, 셋째 유족의 요구가 절대적이라는 것이었다. 그동안 유족들은 계속해서 민원을 제기하였으나 국방부는 이러한 민원제기에 대해 계속 '확인 불가' 회신만 반복하였고, 늘 동일한 상투적 답변에 대해 유족들의 불신은 극에 달해 있던 차였다. 유족들은 국방부의 미온적인 태도에 대해 답답한 마음에 앞서 언급한 바대로 일부 언론(SBS)과 함께 벽제 매장 추정지 일부를 파 보기도 하였으나 군화 등 유품 일부가 발견되자 "국가기관이 하게 하라"며 다시 매장지를 덮어 버렸다. 이런 상황에서 위원회가 유해 발굴을 서두르는 것은 당연했다.

하지만 나는 이정석의 방해 공작 속에 벽제 암매장지에 대한 확신이 들지 않았다. 확실할까? 유해와 유품이 나와 줄까? 불안했다. 지푸라기라도 잡고 싶은 심정. 다행히 직접 시신을 지고 나른 이동식 할아버지를 만나 확신을 가질 수 있었다. 고령이었음에도 불구하고 암매장 지점을 정확하게 짚어 냈다. 지금도 감사한 마음이다.

자폭 공작원 암매장지는 벽제 시립묘지로서 경기도 고양시 덕양구 벽제동 663-2에 소재하고 있었다. 이동식 할아버지는 현장 인근에 50년 이상 거주하고 있었고, 노동으로 생계를 이어갔다고 했다. 다음은 이동식 할아버지의 증언.

1. 어떻게 매장에 참여하게 됐는가?

답: 아침에 지게 지고 나오라고 했다. 구자승 씨 앞마당으로 모

이라고 해서 8시쯤 갔더니 관이 쌓여 있더라. 20개의 관을 간밤에 놓고 간 거라. 누가 실어 왔는지는 모른다. 나중에 3~4구가 더 왔는데 그건 우리가 안 했어. 다른 누군가가 했겠지, 난 몰라.

2. 어떤 시신이라고 하던가?

답: 소장이 '난지도에서 대방동으로 들어와 난동을 부린 자들의 시체'라고 했어. 난지도라, 이상하다고 생각했지.

3. 몇 명이 작업에 참여했는가?

답: 인부가 15명 정도였어.

4. 관에 대한 기억은?

답: 하얀 색이었어. 관 주위가 밧줄로 묶여 있었고. 핏물이 흐르고 있었지. 지게가 시뻘개져서 나중에 불태워 버렸어. 밧줄로 묶은 이유는 관이 터질까 봐….

5. 작업 후 기억은?

답: 오후 3~4시쯤 소장이 술을 한 다라이 보냈다. 오징어 안주하고. 미군 차 큰 거에… 오후 1~2시쯤 3~4구가 더 들어왔다. 그건 어떻게 처리했는지 모르겠다.

6. 일당을 받았는가?

답: 800원 받았다.

7. 실미도 공작원 시신들이라는 건 언제 알았는가?

답: 나중에 후임 김형식 소장으로부터 들었다. 실미도 사건 관련자라고 해서 처음으로 사건을 알게 됐다. 다음 해 봄에 봉분 만들어 주고 말뚝 박았다. (확인 결과 관리사무소에는 매장 기록이 없음) 매장 작업을 마치고 집에 오니 마누라가 냄새 난다고 물가에 가서 씻으라고 했어. 며칠 동안 몸에서 냄새가 나서 밥을 못 먹었어. 내가 말한 장소가 맞아. 다른 사람들은 용미리다 어디다 떠들어대고 돈 받았다는데 난 끝까지 벽제라 그랬거든. 열 개씩 두 줄로 묻었어. 저 밑에는 이수근 같은 간첩들 묻었어. 관도 없이 그냥(2005.9.4. 벽제 암매장지 현장).

국방부는 위원회가 유해 발굴 추진을 결정하자 현지 군부대에 강력하게 협조를 지시하여 위원회의 유해 발굴에 육군유해발굴단(유해 발굴), 3군수지원사, 11보급대대 제7지구 임시봉안소(유해 유치), 1군단(경계 병력) 등의 협조 체계를 갖추어 지원하기 시작하였다.

유해 발굴은 진상규명의 끝이 아니라 시작이었다. 드디어 2005년 11월 15일, 초겨울 찬바람이 몰아치는 아침, 새파란 하늘을 배경으로 치러진 개토제에서 나는 "오늘부터 시작되는 유해 발굴에 성의를 다하겠습니다. 주검에 대해 최대한의 예의를 갖추겠습니다"라고 약속했다. 실미도 유해 발굴 기사가 나가자 사람들은 "곱게곱게 유해 다치지 않도록 정성스럽게 발굴해 못다 핀 젊음 위로하여 보내 주시길 부탁드립니다"라는 댓글을 달았다. 눈물이 났다.

발굴 예정일 며칠 전부터 새벽 2~3시면 어김없이 잠이 깼다. 머리가 아팠다. 그리고 발굴 바로 전날 꿈을 꾸었다. 푸른 색 옷을 입은 두 명의 남성이 아무 말 없이 내 침대 머리맡에 서 있었다.

내가 이렇게 중얼거렸던 것 같다. "정말 오랫동안 기다렸습니다. 구천을 떠돌았을 원혼들이여. 이제 편히 잠드소서. 곱게곱게 당신들 주검을 수습하여 고이 장사 지내 드리리다. '의미 만들기' 맞습니다. 당신들의 죽음을 헛되이 하지 않겠습니다. 당신들의 죽음이 의미를 갖게 하겠습니다. 분단과 독재정권의 희생양들이시여. 못된 인간들에 의해 당신들은 마치 쓰레기처럼 취급 받았습니다. 내 힘이 부족하지만 당신들의 오명을 벗겨 드리겠습니다."

어머니에게 꿈 얘기를 하자 매장지가 확실한지에 대해 내내 불안해 하던 나에게 "잘 될 것 같다"며 힘을 주셨다. 국방부 일부 인사의 유해 발굴에 대한 부정적 의견들, 굳이 진상규명에 필요한가, 문서와 자료 분석만 해도 되는 거 아닌가, 육군 유해 발굴단이 이미 한 해 사업을 끝내서 추가 작업을 할 수 없다, 기타 등등. 그리고 초기 현지 군부대의 비협조, 버티는 대대장, 이정석 단장의 방해공작 등등…. 주마등처럼 그동안의 일들이 지나갔다. 그리고 걱정과 부정적인 생각이 풍선처럼 부풀어 올랐다. 혹시라도 잘못되면 어떻게 되는가? 잔뜩 불러 놓은 기자들, 국방부와 위원회 일부 인사들의 반대를 무릅쓰고 국방부 예산으로 처음부터 끝까지 유족들을 발굴 현장에 참관시키는 것도 필수적이라고 원칙을 만들었는데, 행여 안 나오면, 그 장소가 아니면 나는 뭐가 되는가? 위원회는? 그 책임을 오롯이 나 혼자 지고 갈 수 있을까? 그런데 이런 걱정은 기우였다.

첫째 날부터 유해와 유품이 쏟아져 나오기 시작했다. 내내 발굴 현장을 지키고 있던 유족들은 통곡을 했으며, 한 유가족은 유골을 부여잡고 "오빠, 이 나라를 절대 용서하지 마"라고 울부짖었다. 이들에게 국가는 무엇이었을까? 다시 의문이 들었다.

벽제 유해 발굴 후 DNA 검사 결과 김기정, 정기성, 박원식, 김용환, 장명기, 이명구, 박기수, 장정길 등 총 8명의 신원이 확인되었고, 다른 시료들은 불량이거나 감정 불능으로 판명되었다. 이영수, 윤태산, 임기태, 황철복, 박웅찬, 정은성, 신현준, 강신옥 등 공작원 8명의 유가족은 확인되지 않았고, 실미도 사건 당일 현장에서 사라진 이영수, 전균 등 2명의 시신도 찾을 수가 없었다. 이들의 시신은 어디로 사라진 것일까?

그리고 사형수 4명의 암매장지는 여전히 밝혀지지 않고 있다. 2021년 현재도 공군과 국방부는 사형수 4명 매장지는 오류동이 아니라 벽제이며 앞서 이정석이 말한 대로 유해는 1998년 수해 때 다 떠내려갔다는 주장을 반복하고 있다. 하지만 사형집행 책임자 김중권이 확인한 "오류동에서 처리하겠다"는 현장 매장 담당자의 발언이 있는 한, 그리고 오류동에서 처리했다는 관련자들의 증언이 확보되어 있는 한 오류동 암매장지설에 대해 공군과 국방부가 책임지고 사실을 밝힐 필요가 있다. 언론, 국민은커녕 가족에게도 알리지 않은 극비 처형의 형태였던 사형집행의 속성상 대낮 시각에 군 차량을 이용하여 벽제와 같은 먼 거리를 이동해서 매장을 했다는 것은 상식적으로도 납득이 되지 않는다.

사건 발생 당시 개웅산 일대가 광범위하게 포괄된 오류동에 소재하였던 공군 2325정보부대는 1990년 11월 22일에 청주 현 공군본부 부지로 이전하였고, 해당 부지에는 현재 모 교회가 들어서 있다. 위원회가 발굴을 시도했으나 실패하였던 오류동 소재 개웅산 자락은 2010년부터 2014년까지 SH공사가 발주처가 되어 '천왕2지구 및 국민임대주택단지 조성공사'가 실시되었는데 2011년과 2013년에 각각 9기와 10기의 무연고 분묘가 발견된 바 있다.

공군 2325부대 입찰도 한 바 있는 오류동 주민의 무연고 분묘 다량 목격 제보는 이들 일부가 암매장된 사형수의 것이 아닌가 하는 의문을 갖게 한다.[104]

> 2000년대 후반 어느 날 아침 산책 중, 천왕동 일대 대규모 부지 조성공사장을 지나는데 20여 개의 파란 천막이 지표면에 덮여 있고 공사가 중단된 상태인 걸 봤다. 공사장 관계자에게 물으니 "대량의 무연고 묘지가 30여 개 이상 발견되어 공사를 진행할 수가 없다"고 했다. 내가 "혹시 실미도 대원들 묘지 아닌가?"하고 물으니 "우리도 그렇게 짐작한다"고 했다. "어떻게 되는가?"하고 물으니 "발주처 지시가 내려올 때까지 기다릴 수 밖에 없다"고 했다. 내 기억으로 6개월 이상 파란 천막이 방치되다가 이후에 공사가 재개되었다.

발주처는 SH공사, 무연고 묘 처리업체는 〈덕진공사〉로, 현재 수습된 유골은 평택 서호추모공원에 안치되어 있다. 조속한 조사가 필요하다.

104 김주연 현장 목격담,《중앙일보》 제보, 2020.9.8. 월, 통화 2020.9.9. 화.

2부
사형수 4인의 육성

사형수 4인이 남긴 육성기록은 피의자 신문조서와 공판조서, 사형 집행 시 마지막 유언 등으로, 비밀 해제로 일반에 공개된 『실미도 재판기록』(공군 법무감실, 총 2,290쪽)에 수록되어 있다. 이들 4명은 8·23 사건 직후부터 공군 보안부대 본부 수사과와 보통검찰부에 의해 조사를 받았다. 이 기록은 지난 30여 년간 비밀로 묶여 있어서 일반 국민은 물론 유가족조차 이들 4명의 최후 증언과 모습을 접하기 어려웠다. 4명이 겪었던 공작원 모집 과정과 부대 훈련, 공작원 피살 사건, 탈출에 이르기까지 생생한 목소리를 공개한다.

1. 피의자 신문조서

생존 공작원 4명에 대한 조사는 사건 발생 직후부터 공군 보안부대 수사과에서 이루어졌으며, 이후 공군 보통검찰부는 이들을 초병 살해죄로 기소하였고, 국선변호인에 참석한 가운데 비공개 재판이 이루어졌다.

임성빈 피의자 신문조서 총 3회, 이서천 4회, 김창구와 김병염이 각각 1회 작성되었다.

1) 임성빈

□ 1회(1971.8.26)

문: 피의자의 본적, 주소, 직업, 성명, 연령 및 호주와의 관계를 말하시오.

답: 본적 - 충남 공주군 탄천면 종리리 69

주소 - 상동

직업

주민등록 미발급 성명 임성빈

연령 1947.7.1일생. 만 24년.

호주 부 임학순의 장남입니다.

이때 피의사건을 고하고 신문에 대하여 진술을 거부할 수 있음을 알린 즉 피의자는 임의 아래와 같이 답하다.

답: 신문에 응하여 사실대로 말하겠습니다.

문: 과거 형사처분, 기소유예 또는 훈계 방면 등을 받은 사실이 있습니까?

답: 1967년 여름 충주지방 법원에서 절도죄로 기소유예 처분을 받고 구속 16일 만에 석방된 사실이 있습니다.

문: 피의자는 정당이나 사회단체에 가입했던 사실이 있습니까?

답: 없습니다.

문: 학력 및 경력을 말하시오.

답: 저는 본적지에서 출생, 8세 때 탄천국민학교에 입학, 14세에 졸업하고 그해에 탄천중학교에 입학, 17세에 3년을 졸업함과 동시에 공주공업고등학교에 입교, 19세에 3년을 졸업한 후 집에서 놀다가 1968.4.13. 중앙유격사령부 684특공 교육대에 입과하여 현재에 이르렀습니다.

문: 종교 관계는?

답: 신앙하고 종교 없습니다.

문: 가족관계를 말하시오.

답: 부 임학순. 46세. 초등학교 교장

모 남봉우. 47세. 무직

매 임명빈. 23세. 태창방직 여공

매 임홍빈. 20세. 상동

매 임일빈. 16세. 학생

매 임충빈. 13세. 학생

제 임용근. 11세. 학생

등 저까지 8명인데 입대 당시 금산초등학교 관사에 살고 있었고, 누이 동생 2명 명빈, 홍빈은 영등포에서 직장생활을 하고 있었습니다.

문: 재산 및 생활정도를 말하시오.

답: 부동산으로 본적지에 논 5마지기와 밭 500평이 있고 동산은 알 수 없으며, 생활은 보통입니다.

문: 훈·기장 등을 받은 사실이 있습니까?

답: 없습니다.

문: 피의자가 유격사령부 684특공교육대에 입대하게 된 경위를 말하시오.

답: 1968년 4월 초순 저는 대전에 있는 친구 집에 놀러 갔으나 대

전에서 알게 된 김창구(37세)의 소개로 소속 불상의 박 부장이라는 사람을 소개받았는데, 그 사람 말이 대한민국을 위해서 목숨을 바칠 수 있겠느냐고 묻기에 바칠 수 있다고 했더니 그 박 부장 말이 입대해서 6개월간 훈련을 받고 이북에 갔다 오면 자기가 원하는 대로 배속시켜 준다고 하며, 훈련은 좀 고되다, 이북에 가서 김일성의 모가지를 비트는 임무라고 말하더군요. 그래서 저는 김창구라는 사람 등 5명과 같이 지원했던 것입니다. 그 후 박 부장이 숙식비, 주대, 이발, 목욕비 등을 일체 부담하여 대전 시내 국일 하숙에서 약 보름 가까이 우리들 6명이 합숙하다가 동년 4월 13일 경부간 특급열차 맹호편으로 박 부장 인도로 서울 경유 인천에 도착, 1박 하고 4.14. 아침 배편으로 인천 앞바다에 있는 교육장 실미도에 도착한즉 기간요원 백 소위, 이연수 소위, 김빈 소위 및 교육대장 김준석 대위 외 4-5명의 요원이 있더군요.

문: 당시 같이 간 일행은 누구 있습니까?

답: 김창구, 이서천, 전균, 조석구, 김용환 및 저까지 6명이었습니다.

문: 그러면 입대 당시 조건은 무엇이었습니까?

답: 대전에서 박 부장이 우리들에게 하는 말이 교육지가 섬이 아닌 서울이고, 장교 후보생으로서 대우하여 훈련기간 중 보수 지

급 및 하루 신탄진 한 갑 지급과 식비 하루 1,000원, 기간 중 외출 휴가를 주며, 훈련이 끝나면 소위로 임관시키고, 이북에 가서 임무를 마치고 오면 충분히 지낼 수 있는 보수가 지급되며, 동시에 원하는 대로 배속 또는 미군부대에 취직시켜 주겠다는 등의 조건이었습니다만 저희들이 4.14 실미도에 건너가면서 첫째 실망을 받았었습니다.

문: 입대자 수는?

답: 3차에 걸쳐서 도합 31명이 섬에 들어 왔습니다.

문: 입대 일자와 입대 선서는?

답: 4.14부터 무인도인 실미도에 교육장 신설 작업을 하고 5.1 입대 선서를 했습니다.

문: 입대 시 선서 내용은 무엇이었던가요?

답: 훈련 중 도피나 탈출 또는 부주의로 인해서 사고 유발 시는 자살 행위로 간주한다고 선서했습니다.

문: 입교 시 참석자는 누구였습니까?

답: 사령관 전봉수 준장, 부대장 김호 중령, 박 부장, 하 부장 등 기간요원 10여 명 및 사복 착용을 한 사람 2명 등이 참석했고, 사령관에게 선서했습니다.

문: 피의자는 같은 피교육자 등과 합세하여 기간요원 등을 살해하고, 서울 시

내로 진입하면서 군, 경, 민간인 등을 살해하는 등 난동을 자행한 사실이 있습니까?

답: 네. 그러한 사실이 있습니다.

문: 그 일시 및 경위를 말하시오.

답: 1971.8.23. 06:00경, 교육대장 김준석 대위를 살해한 것을 시초로 봉기, 실미도 교육대 기간요원들을 총으로 살해한 다음 작전본부를 점거, 무기고에서 LMG 기관총 2정과 그 실탄 1상자, 카빈 실탄들을 각각 100여 발씩 휴대하고, 또 예비로 1상자를, 그리고 수류탄 1~2발씩을 탈취한 다음 봉기가 성공하고 보니, 서쪽 해상 약 2킬로 정도 떨어진 해상에 검은 색으로 보이는 경비정(소속 불상) 2척이 서로 상당한 거리를 두고 떠 있는 것이 보이더군요. 그래서 혹시 그 경비정에서 망원경 같은 것으로 우리의 봉기 광경을 보고 알게 될까 봐 2열 종대로 산악 보행 방식으로 산으로 올라가 작전 훈련하는 것처럼 위장하여 산을 넘어선 동쪽 해안 초소가 있는 해안으로 나왔습니다. 그런데 이전에 기간요원들을 거의 다 살해 또는 소탕한 후 B조 조원 전영관이가 통신 암호실에 수류탄 한 발을 투척, 파괴했으며 통신 암호사 1명은 바다로 뛰어 들어 도주하는 것을 누군가 우리 동료 2명이 사격했으나 맞지 않은 것을 A조 조원 윤석두가 카빈총 1발을 쏴서 명

중시켜 살해했던 것입니다. 그 후 저희들은 봉기 시 작전본부(A-CP) 내무반 입구에서 심하사로부터 사살된 B조 부원 이영수와 A조 조원 전균 2명을 제외한 22명 중 C조 조장 정기성, B조 조장 장정길, A조 부조장 박원식, B조원 전영관 등 4명이 고무보트로 무의도에 배를 구하러 가고 나머지는 A조 조장 심보길 지휘 하에 산 위에서 휴식하고 있다가 약 1시간 후 무의도 1리에 있는 어선 홍덕호를 인천에 출동한다고 하며 끌고 와서 우리들 22명이 모두 승선하고 약 1킬로 해상까지 나갔을 때 심보길이 대장 당번 장성관으로부터 받은 돈 중 4,000원을 선장에게 주었으나, 선장이 기름이 없어서 못 간다고 돈을 받지 않더군요. 그러다가 인천 쪽으로 향하고 있는 약간 큰 어선을 발견, 그 쪽으로 배를 대게 하고 그 배를 불러서 인천까지 태워 달라고 했더니 응락하길래 그 배로 갈아타고 돈 4,000원을 지불했던 것입니다. 그리고 타고 가던 도중 배를 송도 쪽으로 돌리게 했습니다. 이유는 우리의 목적지가 송도 부근이라고 속였던 것이며, 송도 앞 약 2킬로 해상에서 썰물 때라 더 가지 못하고 갯벌에 내려섰습니다. 그리고 송도 채석장 부근에 상륙했는데, 육군 초소의 경비병 육군 이등병이 무슨 부대냐고 검문하기에 우리가 입고 있는 위장 전투복에 부착된 중앙유격사령부 마크 684 특공교육대 마크 및 낙하산 표식 등을 보게 하고 C조 조장 정기성이가 경비병에게 "이것 보면 몰라" 하고 그냥 통과하여 바로 해안 변에 있는 채석장 앞에서 일단 쉬면서 무릎까지 빠져서 묻은 갯벌 흙을 털고 씻었습니다. A조 부조장 박원식이가 인원 파악을 하고 C조 조장 정기성에게 보고했습니다. 그리고 나서 LMG 기관총을 이서천이가, 실탄 2상자를 C조원 김용환과 B조원 박기수가 각각 메고 A조장 심보길과 같이 도착했기에 인천으로 향하는 도로를 따라 가다가 소나무가 많이 우거진 고개에서 떡장수가 지나가기에 떡 한 모판을 다 사서 전 조원이 송편, 팥떡 등을 5-6개씩 분배해서 먹었습니다. 돈은 C조장 정기성이가 떡값이 얼마나 되는지는 알 수 없으나 돈 2,000원을 지불했습니다. 떡을 먹을 동안 A조장이 2명(이광용, 김기정)을 경비를 세웠는데 잠시 후 그들로부터 보고가 오기를 육군들에게 우리가 포위당하고 있다고 하더군요. 그러자 A조장이 이곳에서는 민간인들이 많아 피해를 입힐 우려가 있고 또 저 육군과는 아무런 원한도 없고 여기서 시간을 지체할 필요가 없으니 민가 있는 곳에 가서 버스를 잡아타자고 해서 일렬종대로 사주 경계를 하면서 인천 쪽으로 행군했습니다. 그러다가 송도 쪽에서 오는 일반 버스를 세우고 전원이 타고 약 400~500미터 가는데 전후좌우에서 일제 사격을 가해 와서 운전사와 A조장 등이 부상당했는데 운전사가 운전을 못 하겠다고 해서 B조장 장정길이 운전하고 갔으나 수년 만에 운전하기 때문에 서툴러서 다시 운전사가 핸들을 잡았습니다. 이곳이 조개고개였고 한참 가다가 운전사가 뒷 타이어가 파열돼서 못 간다고 하기에 내려서 지나가던 급행버스를 세워서 갈아타고 도중 지점은 모르겠으나 뒤따라서 추격해 오며 권총을 빼 들려던 오토바이 탄 기동경찰관을 장성관이가 카빈 M2로 쏴서 죽였습니다. 그리고 도중에서 차를 세우는 검문 장소가 있었는데 그냥 질주 통과했으며, 영등포로 깊숙이 들어와서는 어떤 삼거리에 이르러 로터리 복판 잔디밭 복판에 어떤 장교가 지휘하고 군인인지 경찰인지 알 수 없으나 전투 병력들이 엎드려서 포진하고 있다가 우리를 향해서 일제 사격을 했습니다. 그래서 우리도 같이 응사하며 앞으로 질주하는데 당시 운전하고 있던 B조장 장정길이가 머리를 핸들 깊숙이 수그리고 운전하는 바람에 유한양행 앞에서 버스가 우측으로 쏠려서 가로수를 들이 받았습니다. 그리고 정차되어 버스 안에서 응사타가 거의 다 쓰러지고 몇 명 남지 않게 되자 저는 고개와 상체를 수그리고 총알을 피해 있던 여학생(15-16세)을 살릴 목적으로 창문을 하나 열고 여학생을 밖으로 내던지려 했으나 좌측 아랫배에 총상을 입은 상태라서 힘을 쓸 수가 없어서 여학생을 들지 못하여 저는 자폭할 결심을 하고 수류탄 1발을 까서 제 옆 바닥에 놓았는데 제 옆에 엎드려 있던 장성관이가 그 수류탄을 순간적으로 자기한테 끌어 배에 깔았으나 그 순간 차 앞 쪽에서 폭음이 나고 이어서 또 한 방 터졌습니다. 그래서 끝난 것입니다.

문: 실미도에서 봉기하였는데 기간요원을 살해한 상황을 상술하시오.

답: 처음에 제가 착각해서 교육대장 살해 관계를 잘못 말했습니다. 살해하고 실탄류를 탈취한 것이 아닙니다. 8.23 아침 06:00에 기상해서 06:10경 B, C 조장은 열외한 가운데 근무 부조장으로 근무하던 A조 부조장 박원식이가 연병장에서 각 조 점검을 하고 견습 소대장 근무이던 A조장 심보길에게 인원보고를 하고 일조 점호를 끝냈습니다. 이때 A조 소대장 최병천 소위는 A-CP(작전본부) 앞에서 세면을 하고 있더군요. 일조 점호가 끝난 뒤 C조원이라 교육대장실 당번인 장성관이 교육대장실에 올라가서 권총 1정과 실탄 30발, 카빈 실탄 60발을 훔쳐 가지고 왔더군요. 이것을 A조장이 각 조에 나눠 주고 06:30을 기해서 봉기하기로 해서 각각 분배 받고 실탄을 자기 지급 카빈 총에 장전해 놓고 내무반에 놓아두고 아무 일 없는 것처럼 위장하기 위해서 내무반 주위를 청소하고 있었습니다. 그리고 B-CP 습격 인원 중 4명의 조원(박기수, 김병염, 김용환, 김종철)이 CP 옆에 있는 후보

생 변소에 실탄 장전한 카빈을 휴대하고 있다가 정각 06:30에 A조장이 카빈총 1발을 발사하여 이것을 신호로 일제 행동에 들어갔습니다. B-CP는 변소에 대기하던 4명이 습격하고 뒤따라 A조장이 갔고, A-CP(작전본부)는 C조장이 지휘하여 14명이 습격. 교육대장실에 장성관, 윤석두 등 2명이, 휴게실에 1명이, 경비초소에 1~2명이 각각 일시에 습격했습니다. 교육대장은 장성관, 윤석두가 가서 윤석두가 엄호하여 장성관이가 쇠망치(함마)로 때리고 카빈으로 쏴 죽였고(후에 보고하는 것을 들었음), A소대장(최병철)은 누구 총에 맞았는지 모르겠으나 ACP 막사에서 나오다가 문 밖에서 사살되고, ACP 막사에 뛰어가던 이영수(B조 부조장), 전균(A조)이 막사 안에서 자다 일어난 신 하사(경비 근무)가 쏴 대는 LMG 기관단총에 맞아 죽자 따라 가던 장명기(A조원) 또는 정은성(C조)이가 쏜 카빈총에 신 하사가 사살되었고, 그 외는 누가 어디서 사살했는지 모르겠으나 CP 막사 안에서 자다 깨서 우왕좌왕하는 기간요원 등을 사살했습니다. 그리고 통신 암호실에서 총소리에 깨어 바닷가로 도주 약 20미터가량 헤엄쳐 나가는 자 1명을 A조장과 이광용이가 카빈총으로 사격했으나 맞지 않은 것을 윤석두가 1발에 명중시켜 사살했습니다. 위와 같이 사살하였는데 사살자를 확인하지는 못했습니다.

문: 피의자는 어디에 가담하여 누구를 사살했는가요?

답: 저는 당시 실탄 3발을 분배받고 다른 대원들과 같이 ACP 막사에 가서 창문에서 막사 안을 향해 3발을 쏘았는데 14~15명이 안을 향해 무조건 쐈으니까 누가 맞았는지 안 맞았는지 알 수 없습니다.

문: 그러면 이번 난동 봉기의 모의와 계획은 언제 이루어졌는가?

답: 처음의 일은 저로서는 잘 모릅니다. 저의 눈치로서는 지금 생각되는 것이지만 지난 8.20. 08:00시부터 17:00까지 무의도로 주간 습격 훈련을 나가 실시했습니다. 훈련이 끝나고 귀대할 때 무의도 해수욕장을 지나올 때 어떤 해수욕객 한 사람이 2홉짜리 소주 한 병을 던져 주어 2열 종대로 오던 행렬의 중간에 끼어 있던 B조장이 이것을 받아 위장복 주머니에 넣고 와서 일과 후 B 내무반에서 조원들끼리 조금씩 나눠 마시다가 교육대장과 A소대장 최병철, B소대장 김 모 중사 등에게 발각되었습니다. 조장은 귀대 도중 소주를 수통에 넣어 가지고 와서 내무반에서 수통물을 마시는 척하다가 들킨 것인데, 각 조장 3명이 교육대장실에 불려가서 주의와 함께 구타당하고 또 각 소대장들 역시 교육대장에게 주의를 들었습니다. 그리고 나서 20:30 일석점호가 끝난 다음 각 조별로 기합을 받았는데, 저희 A조는 내무반 입구에서

소대장에게 주먹 발길질 등으로 수없이 구타 제재를 받았으며, 이때 A조장이 구두 발길에 잘못 맞고 허리를 다쳐서 우리들이 내무반 침상까지 부축해서 들어왔습니다. 이날 밤 C조장, B조장들이 다친 A조장을 찾아왔었고, A조장이 특수교육을 받는 우리들로서 조금 술 먹었다는 정도로 구타하는 것은 너무 심하다고 불평하는 말을 하더군요. 이 당시 조장급들 간에 봉기의 말이 오고 간 것이 아닌가 생각합니다. 그리고 다음 날 8.21. 저녁 역시 조장들이 A조장을 만나서 말을 나누더니 8.22(일) 아침 8시경 A조 내무반에서 부조장 박원식이가 우리 A조원들에게 '우리들은 이미 각오한 몸이 아니냐. 이번 B조장과 현재 누워 있는 A조장 문제를 어떻게 생각하느냐'고 의견을 묻기에 장성관과 이광용이가 자기들은 '교육대장을 죽이고 자폭하려고 했다' 운운하며 전 조원들이 3~4년간 갖은 학대와 부당한 여건에 시달려온 것을 되새겨 교육대장 등이 나쁘다고 의견이 합치되자, 부조장은 내일 아침 궐기하기로 하자고 완전 합의됐습니다.

그리고 그날 밤 각 조장, 부조장들이 A내무반에 모여 A조장을 중심으로 소위 작전 계획을 짰습니다. 즉 아침 점호가 끝나는 즉시 장성관이가 교육대장실에서 권총, 실탄 등을 훔쳐내 와서 이 실탄을 각자 총으로 무장하고 대기타가 06:30을 행동 개시 시간으로 정하고 A조장이 1발 발사함을 신호로 움직인다. 1차 실탄 절취가 실패하는 경우 해안에 있는 경비초소를 점거, 우선 첫 단계 행동(기간요원 살해)을 할 수 있는 실탄을 조달한다 하는 행동과 위에서 말한 바와 같이 각각 목표 지점을 습격할 팀을 편성한 다음, 각 조원에게 비밀리에 전달됐던 것입니다. 그리고 총지휘는 A조장 심보길, 부지휘자는 C조장 정기성으로 정하고 봉기 성공 후 배편으로 인천 부근에 상륙해서 차량을 이용, 중앙청으로 향하기로 목적지를 정했습니다.

문: A조장을 총지휘자로 삼은 이유는?

답: A조장은 38세로서 나이가 가장 많았고, 옛날 유격대였던 8240(켈로) 부대 출신이어서 경험이 있는 사람이기에 지휘자로 정한 것입니다.

문: 봉기의 목적은 무엇인가요?

답: 당초 입대 전 약속했던 바와는 너무나도 다른 인간 이하의 대우와 사람 목숨을 파리 목숨 정도로 생각하는 교육대장 및 교육관들의 태도와 제재, 구타 행위에 대한 증오심, 4년 가까이 격리 수용되어 외출 한 번, 서신 연락조차 허락되지 않는 유폐 생활 등 쌓이고 쌓인 불만에다가 8.20에 B조장의 소주 1병 사건과 이로 인한 구타 제재에 반발 및 나이 많은 A조장을 훨씬 연하의 소대

장이란 자가 구타하여 타박상을 입혀 누워 있게 만드는 등 직접적 동기가 되어 거사 모의가 이루어졌고, 거사 성공하면 서울로 들어와서 중앙청에 가 국무총리를 만나서 4년 가까이 우리가 당한 곤욕과 국가에게 배신당했다고 사실을 직접 호소하려던 것이었으며, 여의치 않을 경우 중앙청 앞에서 전원 자폭할 결심이었습니다. 그런데 그 이상 자세한 계획은 A조장이나 C조장이 가지고 있었던 것이 아닌가 생각됩니다. 무슨 계획이 있기에 중앙청에 가자고 했을 것이기에 갔으니까 저희들은 지휘에 따라 움직이도록만 지시했었습니다. 사실상 우리들은 국가를 위해서 이북 적지에 들어가 김일성의 모가지를 비러 갔다 하고 일념과 출격 때를 기다리느라고 오랜 동안의 고통도 참아 왔던 것입니다.

문: 송도에 상륙 후 영등포 대방동에서 자폭하기까지에 이르는 동안 교전한 상황과 살상 행위 및 희생 내용을 말하시오.

답: 송도 고개에서 일반 버스를 타고 가다가 전방 좌우에 매복해 있던 육군들로부터 일제 사격을 받고 A조장 심보길과 전영관(B조)이 얼굴과 머리 등에 맞아 A조장은 피투성이가 되고, 전영관은 옆에 앉아 있던 여학생이 흰 수건을 꺼내서 머리에 감아 주더군요. 그리고 버스 운전사도 바른 팔에 한 발 맞았습니다. 이때 C조장이 우리에게 발사 명령을 내렸습니다. C조장은 상대방

육군들이 아무런 원한도 없는데 무엇 때문에 쏘는지 모르겠다고 하면서 명령을 내린 것입니다. 그래서 우리들은 달리는 버스에서 밖을 향해서 응사하며 그곳을 지났던 것이며, 상대방의 피해는 모르겠습니다. 그리고 어느 지점인지는 모르겠으나 우리가 탄 버스 운전사가 버스 타이어가 파열되어 못 간다고 하며, 또한 버스 앞에 차들이 밀려서 막혀 있어서 우리들이 하차하는데 급행버스가 옆으로 오기에 이를 세워서 탈 때 박원식(A조 부조장)이가 2발을 발사(공포)했습니다. 그리고 역시 지점은 모르겠으나 어느 지점에서부터 경찰관 1명이 오토바이를 타고 약 2km 가까이 일정한 거리를 두고 추격해 오기에 버스 뒤에 있던 장성관과 제가 따라 오지 말라고 손짓했더니 바른손을 왼쪽 가슴 옷 속에 넣어 권총을 꺼내 들기에 장성관이가 카빈 총으로 1발을 발사하여 명중시켜 그 경찰관이 오토바이에서 굴러 떨어지더군요. 그 후 신앙촌 부근 검문소 등을 그냥 통과했지만 총격이 있었던 것 같지는 않고, 영등포구 대방동 세거리에 왔을 때 매복 대기했던 전투 병력들이 발사해 오므로 우리도 응사, 총격전이 벌어졌습니다. 그리고 유한양행 앞까지에 걸쳐서 교전했는데, 이때 벌써 우리 대원들은 거의 대다수가 맞고 쓰러졌습니다. 그래서 자폭 당시에는 7~8명 정도가 생존해 있었습니다. 그런데 우리가 첫 번째 버스에서 두 번째 버스로 갈아탈 때 A조장과 전영관은 피를 흘리면서 고개를 떨구고 있는 것이 가망 없는 상태였습니다. 그래서 첫째 버스에 그대로 두고 왔는데 두 번째 버스에 타고 나서 C조장이 인원 점검을 했는데 김용환(C조), 김기정(B조)이 보이지 않았던 것으로 생각됩니다.

문: 신앙촌 앞 검문소와 소사 지서 앞을 통과할 때 총격을 가하지 않았습니까?

답: 제 기억에는 총격을 가한 것 같지 않습니다.

문: 피의자는 서울로 진입 시 어떤 일을 담당했던가요?

답: 저는 처음 A조장 호위를 받았으나 A조장이 탈락한 다음에는 우리 일행의 앞뒤 호위를 맡았었는데 두 번째 버스를 타고서부터는 앞은 정은성(C조), 이광용(A조)이가 맡고 저와 장성관은 후미 호위를 맡았습니다. 제가 끝까지 살아남을 수 있었던 것은 후미를 담당했던 탓입니다.

문: 피의자는 이번 난동 동기가 오랜 동안 쌓인 불만에 기인했다고 했는데 어떠한 것입니까?

답: 첫째 입대 당시 우리에게 약속했던 보수, 식사 문제, 외출 휴가 제도, 훈련 기간 등 모든 것이 허위일 뿐 아니라 엄청나게 다른 대우와 둘째, 사람을(피교육자) 마구 때려죽이도록 하는 사실

등이 불만으로 쌓여 왔으며, 이것이 B조장 음주, A조장 구타 등 사실에 폭발한 것입니다.

문: 보수, 식사 관계에 대해서 말하시오.

답: 보수는 장교 후보생으로서 1968.5.1. 입대 선서하고 나서 5, 6, 7월까지 3개월간 매월 10일에 월 3,200원씩 지급하고는 그 후 현재까지 한 푼도 받지 못했습니다.

급식에 있어서는 입대 후 1968.5월 말경까지는 고깃국이 매일 나오나 싫어했고, 반찬은 한 가지 정도씩은 있었을 뿐 아니라 하루 계란 한 개씩 주었습니다. 그리고 밥도 쌀밥으로서 '츄라이' 식기에 가득 주어서 고된 훈련을 받고도 충분히 이겨낼 수 있었을 정도의 양이었습니다. 그런데 5월 중순경부터 보리가 섞어서 나오기 시작하며 점점 양도 줄어서 그해 6-7월경에 가서는 '츄라이' 식기 밥 담는 칸에 얇게 깔릴 정도로 양이 적어지고, 쌀과 보리가 4 : 3 비율로 섞였습니다. 그리고 부식도 그해 5월 말경부터 나빠져 바람이 든 나쁜 무도 담고, 깍두기나 콩나물 반찬이 아주 극소량이 나오고, 국에는 고기라고는 냄새도 풍기지 않고, 엷은 된장국이나 또한 한 달에 6-7일간은 된장이 없다 하여 순 소금국을 주었습니다. 그리고 한 달에 한 번 정도 계란이 나올 때는 간간이 약간 곁들여서 나올 뿐 그 대신 다른 부식이 나오지 않았습니다. 부식 메뉴는 한 달을 기준으로 깍두기, 김치가 거의 매일 나오면 저희들이 호박을 심어서 그것을 이용하여 국을 끓여 먹고 했습니다. 몇 개월에 한 번 씩 누군지는 모르지만 6~7명이 사복차림으로 순찰 나올 때를 기준으로 해서 내장국을 먹었습니다. 기간요원들은 밥을 더 먹고 싶으면 더 먹을 수 있었으나 우리들은 일체 먹을 수가 없었습니다.

그런데 우리가 교대로 식사(취사) 당번 나갔을 때 취사장에 비치되어 있는 장부를 보면 기가 막히게도 매일 계란 1개씩 지급, 월 두부가 10-20상자, 소고기, 돼지고기, 생선 기타 좋은 부식류를 들여와서 후보생들에게 먹이는 것으로 기입되어 있음을 볼 수 있었습니다. 그러다가 외부 인사 고위층에서 시찰 오면 교육대장이 그 장부를 보여주는 모양이었습니다.

우리는 3년 이상이라는 긴 세월을 배를 곪주려서 개밥 또는 수제비를 했다가 돼지 먹이로 준 것을 몰래 먹은 일이 수도 없었습니다. 그리고 훈련 과정에서 익힌 대로 날뱀을 잡아먹기도 했습니다.

문: 외출, 휴가는?

답: 일체 없었고 서신왕래도 못 했습니다. 현재 가족이 어디 있는지조차 모릅니다. 다만 1971년 3월부터 5월까지 3개월에 걸쳐

서 매월 말 2일간에 3명씩 2회에 나누어 부대 배를 이용, 인천파견대 소속으로서 내빈들을 안내하고 가끔 왔다 가는 박중위라는 사람의 인솔로 밤에 인천에 나가서 어떤 여관에서 위안부를 하나씩 배당받고 하룻밤 자고 온 일이 있습니다만 18명밖에 혜택을 받지 못하고 중단됐습니다.

이것은 여담이지만 교육대장은 1971년 5월경 후보생들과 같이 나가서 그 여관에서 포인타 한 마리를 훔쳐 와 약 2개월 기르다가 금년 여름에 이량리 해수욕장에 파견 나갔던 한상구 중사에게 돈 3,000원을 받고 팔았던 일이 있습니다.

문: 보급 관계는?

답: 처음 몇 개월간 신탄진 담배가 매일 나오더니 그다음부터 백조가 나오고, 그러다가 화랑 담배가 지급됐는데, 백조 담배가 전후 합해서 약 1년간, 화랑이 약 2년간 나오고 또 담배가 떨어지면 동리에 가서 금잔디 담배를 주었습니다. 이전에 봉기하고 나올 때 다 금잔디를 가지고 나왔습니다. 피복류는 그대로 나왔던 편이고, 겨울철에 내무반에서는 후보생들이 나무나 나무뿌리를 캐서 나무를 땠습니다. 처음 갔을 때는 나무가 많았는데 그 후 나무를 때므로 나무가 하나도 없습니다. 원래 디젤 스토브를 때게 되어 있는 모양이지만 첫 겨울에 1968년 1-2개월만 때고 나서

는 나무를 썼고, 검열이나 외부 인사들이 올 때면 나무 스토브를 떼고 호스를 연결하고 도람통을 밖에 올려놓아 기름을 때는 것처럼 가장했으며, 그들이 돌아가는 즉시 다시 나무 스토브를 설치하곤 했습니다.

문: 입대자가 31명인데 24명이 된 이유?

답: 7명은 기간 중 죽었습니다.

문: 사망 일자와 그 경위를 말하시오.

답 1968.7.10. 말하자면 마지막 월급이 나왔는데, 그날 밤 무의도에 야간 독도법 훈련 차 나왔습니다. 그때 2인 1조로 편성되어 훈련을 마치면 초등학교 운동장에 집결(04:00)하게 되어 있는데, A조 부조장이던 이부웅(해병 탈영병)과 A조원 신현준(서울역 김포 출신)이가 중도에 길을 잘못 들었다가 민가에서 술을 마신 모양입니다. 그래서 집결하지 못하다가 12:00경 교육대장 지시로 후보생들이 그들을 데려왔더니 교육대장에게 A조 소대장이던 이연수 소위가 보고하고 나서 후보생들에게 천막봉을 한 개씩 들게 하고 포복한 2명을 때리도록 엄명을 내려 물을 끼얹어 가면서 무수히 때려 현장에서 절명케 했습니다. 당시 이연수 소대장이 죽을 때까지 때리라고 지시하고 직접 입회하고 있었습니다. 그리고 사격장 밑에 묻었습니다. 그날 교육대장이 각 조에서

4~5명씩 차출하여 사역하는 후보생들에게 소주 대두 2병을 주어 마시게 하더군요.

1970(69년의 착오-필자 주)년 8월경 B조원 조석구가 수영훈련 중 익사했습니다.

1970년 8월경 당시 A조 조장 윤태산이 박만종 병장과 같이 무의도에 사역 나갔다가 술 사 달라고 그의 권총을 뺏었던 일이 있어서 그로부터 내무반에서 꼼짝 못 하고 앉아서 대기하던 중 당시 C조 소대장이던(교육대장 부재 중) 원경식 소위가 조원들에게 윤태산이가 평소 평이 나쁘고 남자들끼리 계간을 하려 했다는 구실을 강제로 서약 진술케 하여 뒤집어씌운 다음, B조장 장정길(당시 견습 소대장)에게 지시했는지 3일 후 B조장이 전원 집합시킨 가운데 윤태산을 결박시켜 앉히고 통나무 3개를 놓고 각 조에서 한 사람씩 교대로 나와 7~8회씩 때리게 하여 전원이 돌아가기 전에 숨지게 한 일이 있고, 그날 밤에 윤태산 시체와 전에 파묻었던 이부웅 등 시체 2구를 파내서 함께 디젤 2도람으로 밤새에 걸쳐 태우고 나서 뼈를 가마니에 담아 바다에 뿌렸습니다.

1970년 늦가을경(10~11월) 이 생활에 견디지 못한 황철복(B조 부조장), 강찬주(B조원), 강신옥(C조원) 등 3명이 "처녀들이나 한 번 대보고 자폭하겠다"고 탈출한 다음 무의도 동리에서 처녀 2명을 데리고 학교 숙직실에서 강간하고 가지고 나갔던 수류탄으로 자폭하려 했으나 그것이 연막탄이어서 식도로 찔러서 자살을 기도했는데, 황철복은 현장에서 옮기다가 죽고, 강찬주, 강신옥은 미수하여 살 수 있었는데, 김 모 중령(부대장)이 당시 와 있었던 것 같은데 그의 지시로 B조장 장정길이가 무슨 방법인지 죽였습니다. 그리고 강신옥은 약 3일 후 그냥 사망했습니다.

이래서 31명 중 7명이 죽고 24명이 남아 있었습니다.

문: 피의자들의 무기 관리는?

답: 우리들은 카빈 소총(M2 또는 M1)과 북괴제 PPS 자동소총(30발) 및 칼리시니코프 자동소총(35발) 중 1정 도합 2정을 개인 지급받고 내무반 총가에 비치하고 있었으며, 비상시에는 카빈총을, 점호 때나 훈련 시에는 적 화기를 사용했습니다. 그러나 실탄은 사격훈련 시 외에는 지급되지 않고 적 화기는 초창기 때 실탄 사격을 많이 했지만 근래에 와서는 실탄 보급이 없더군요.

문: 평소의 일과 및 훈련 상황을 말하시오.

답: 06:00에 기상하여 섬 일주, 1.5키로의 산악거리를 20-30분에 걸쳐 3번 구보하고, 10분간 체조를 마치면 세면, 청소, 식사를 하고 08:00부터 오전일과 4교시에 들어갑니다. 12:00-13:00까지 중식, 휴식하고 13:00부터 17:00까지 오후 4교시를 마치면 목욕과

석식, 그 후 일석점호 20:30까지 조별로 무술 훈련, 내무교육 또는 자유 시간 등으로 지내고 일석점호 후 침구를 깔고 취침 대기로서 내무반 안에서 자유 시간, 22:00에 취침 잡니다. 훈련 과목은 수십 종인데, 각종 무술, 호신술 단련, 수십 가지에 달하는 유격 훈련, 총포 화약 취급, 북한학 등을 교육받습니다. 현재 우리들의 상태는 완전히 숙달된 상태입니다.

문: 피의자는 이번 난동처럼 집단을 이루어 기간요원 초병 등을 살해하고 탈출, 군· 경· 민을 살상하는 등 군기와 안녕질서를 극도로 문란케 하는 행동을 취하지 않고도 자신들의 처지를 호소할 수 있지 않았던가요?

답: 도저히 불가능했습니다. 그러나 저희들은 섬을 탈출하기 위해서는 기간요원들을 제거하지 않을 수 없었으나 육지에 나와서는 절대로 발포한다든가 군, 경, 민에게 살상을 입힐 마음이 조금도 없었습니다. 다만 우리가 목표하는 중앙청에 도달해서 우리가 그간 겪은 곤욕의 처지를 직접 호소하려 했을 뿐인데, 가는 도중 우리에게 총격을 가해 오고 해서 상호간 대화를 할 수 있는 기회가 없었을 뿐 아니라, 한마디의 해명 기회도 잡을 수 없이 목표지에 가지 못하게 될 상태에 빠진 것입니다. 그래서 어떻게든지 중앙청까지 가야 한다, 최후의 한 사람이라도 가서 호소해야 한다는 일념에 할 수 없이 응사하였으며, 뜻을 이루지 못하

게 되자 자폭하기에 이른 것입니다. 다만 우리의 지휘를 맡은 자들이 방법을 달리 해서 갈 수 있지 않았을까 하는 것은 저로서는 모르겠습니다.

문: 이번 일에 대해서 어떻게 생각합니까?

답: 동기야 어떻든 엄청난 일을 저질러서 국민들에게 죄송한 맘을 금할 수 없습니다. 그리고 수년 간을 연마한 기술을 한 번 적지에서 발휘하지 못하고 죽어 간 우리의 피맺힌 동지들이 한없이 애석하고 원통하며 뭐라고 말할까를 모르겠습니다. 그러나 한 가지 거의 대부분의 동지의 생명과 바꾸어 목적한바 우리의 처지와 억울함이 관계 요로에 알려지고 공개됨으로써 앞으로 우리의 후배들에게 도움을 줄 수 있는 길을 트게 했다는 사실이 자위할 수 있다고 생각됩니다.

문: 이 외에 더 참고나 할 말이 없습니까?

답: 다만 원통한 것은 우리 동지들이 뭉쳐서 적지에 갔었다면 멋있게 실력을 발휘해서 김일성의 모가지라도 빼 올 수 있었을 자신과 자부에 넘쳐 있으며, 단 한 가지 보람된 그것을 위해서 곤욕도 참아 왔던 것이며, 성공을 자부하였는데 이렇게 된 것이 무한히 원통할 뿐입니다.

□ 2회(1971.8.31): 1회와 별 차이 없음

□ 3회(1971.9.3)

서기 1971년 9월 3일, 공군보안부대 수사과에서 군사법경찰관 헌병준위 한태빈은 군사법경찰과 헌병중사 전창범을 참여케 하고 3회에 걸쳐 심문함.

문: 전 회에 진술한 것은 모두 진실인가요?

답: 네. 모두 진실입니다.

문: 피의자가 임성빈이 틀림없나요?

답: 네. 제가 틀림없습니다.

문: 1971.8.20. 소대장으로부터 심한 구타를 당했었다고 하는데, 그 일시 및 장소를 말하시오.

답: 1971.8.20. 21:00경이고, A, B, C 각 소대별로 각 조 내무반 앞에서 맞았습니다.

문: 그 사항을 상세히 말하시오.

답: A조는 소대장 ○○○가 조원 8명을 2열 횡대로 집합시켜서 부동자세를 취하게 한 다음, 조장 심보길부터 차례차례로 주먹과 발길로 처박고 차면서 조원 각자 모두 20여 회씩 맞았으며,

옆에 집합한 B조는 소대장 ○○○가 A조보다 더 무자비하게 빳다 15대를 각각 때리고, 또 주먹과 발길로 무수히 차고 때렸는데, 개인당 10여 회씩 될 것입니다. C조는 소대장 ○○○가 A조와 같은 방법으로 20여 회씩 때렸으며, ○○○은 총으로 쏴 죽인다고까지 말하였습니다.

문: 몇 분간이나 폭행을 하였나요?

답: 약 40분가량 될 것입니다.

문: 그 후 어찌 되었나요?

답: 해산하여 각 조 내무반으로 들어가 취침하라고 하여서 내무반에 들어갈 시, A조장 심보길이 옆구리를 ○○○한테 구둣발로 차여서 부조장 박원식, 조원 이광용이 업어서 들어갔습니다. 그때가 22:00경입니다.

문: 누가 위문하러 왔던가요?

답: 심보길이 소대장 ○○○에게 보고하고 자리에 누웠는데, 미안한지 소대장은 OP로 나가고, 뒤이어 C조장 정기성, B조장 장정길이 찾아와서 모기장 속으로 들어가 약 10분가량 이야기를 하다 갔습니다.

문: 무슨 이야기를 하던가요?

답: '특수교육을 받는다고 술을 못 먹게 지시하였지만, 생각해 보

면 술 좀 먹은 것이 죽을죄도 아닌데 너무하지 않는가'라는 말을 하였고, 또한 소대장 안인기가 자기 부하인데 인정이라고는 손톱만큼도 없이 때리고 또 심지어는 쏘아 죽인다고 하니 안 되겠다고 말하였으며, 본인이 생각하기로는 어떤 봉기의 말이 오고 간 것으로 생각되며, A조원 장명기는 내가 희생되어서라도 전우들의 이런 불우한 환경을 모면케 할 수 있다면 희생하겠다면서 눈물을 흘렸습니다. 그 당시는 모든 특수요원들이 울분한 상태에 있었습니다.

문: 조원들 간에 한 말은 없나요?

답: 부조장 박원식이가 4년간 부대를 위하여 솔선수범 고생을 하여 왔는데, 이제는 허사가 되었다고 말하였습니다. 그 외는 한 말 없습니다.

문: 그 후나 21일의 동향은 어떠한가요?

답: 1971.8.21. 오전에 내무사열을 마치고 오후에는 휴무였는데, 누워 있는 심보길에게 15:00경 B, C조장들이 와서 한참 이야기를 하고 가고, 또 저녁식사 후 18:30경에 또 B, C 조장과 각 부조장들이 심보길 주변에 모여서 이야기를 하였는데, 대개 말한 내용이 8.23. 날은 죽으면 같이 죽고 살면 같이 살자고 말들이 오고 갔는데, A, B, C 각 조원들도 그러한 눈치를 모두 알게 되었습니다.

문: 어떠한 눈치인가요?

답: 조장, 부조장들이 수시로 심보길 주변을 드나들고 또 모이고 하는 점으로, 23일 날은 어떠한 결정적인 봉기를 조장, 부조장들이 논의하여 거사가 있을 것이란 내용입니다.

문: 8.22. 날의 동향에 대하여 자세히 말하시오.

답: 8.22. 08:30경, A조 내무반은 부조장 박원식이가 폭행당한 일을 어떻게 생각하느냐고 전체 조원들에게 물었을 때, 이광용이가 이제까지 3년 4개월간 국가를 위하여 고된 훈련을 감당해 왔는데 너무나 학대받고 부당한 대우를 받아 왔으니 교육대장이 나쁘다고 완전 합의가 되어 방향을 모색 시, 전원을 살해하고 가자는 의견과 전균이는 살리고 갈 수도 있지 않느냐는 의견이 있었으나, 기간요원이 우리 후보생을 우습게 알고 또한 모두 무기와 실탄을 갖고 있고 숫자도 비슷하니 안 되겠다는 공론이 돌아 살해하지 않으면 탈출할 수가 없다는 결론에 도달하여 전원이 합치가 되었습니다.

문: 누구누구 있었나요?

답: 조장 심보길, 부조장 박원식, 조원 전균, 장명기, 김병염, 윤석두, 이광용, 본인 등 8명입니다.

문: 어떠한 구체적 방법이 세워졌나요?

답: 해안초소 초병 근무자와 교육대장을 위시한 전 기간요원을 살해하고, 통신실을 파괴하여 통신을 두절시키면 된다고 논의되어 이를 결행키로 하였습니다.

문: 부서 담당은 어떻게 되었나요?

답: 부서는 A조 내무반에 각 조 조장, 부조장 6명이 1971.8.22. 08:00경 모여서 구체적인 결행 세부 계획을 짜서 각 조장이 부서를 각 조 내무반에 조원을 집합시켜 담당키로 하고, A조는 부조장 박원식이가 부서 담당별 명단을 받아서(각 조장, 부조장이 작성한 것) 조원들에게 하달하였는데

박원식 A-CP

전균 A-CP

장명기 A-CP

임성빈 A-CP

김병염 B-CP

윤석두 B-CP와 대장실

이광용 B-CP

B조 김창구 경비담당(통제본부)

C조 이서천 경비담당(통제본부)

(임무 해안초소 초병 접근 방지)

A조 심보길 B-CP 총지휘

C조 정기성 부지휘

B조 전영관 통신실 폭파

C조 정은성 해안초소

이상 부서 외는 잘 모르겠고, B조, C조도 A조와 같이 조장이 부서별 담당 임무를 할당 설명하였습니다.

문: 실탄은 어떻게 구하려 했나요?

답: 대장실에서…(확인 안 됨) 카빈 실탄 60발, Cal 38 1정, 실탄 30발을 훔쳐서 1인당 3~5발씩을 나누어 주기로 하였으며, 일직사관실 근무자 명 불상을 살해하여 실탄 15발을 뺏어 오기로 하였습니다.

문: 몇 시에 거사하기로 하였나요?

답: 1971.8.23. 06:30이 공격 개시 시간이고, 공격은 06:20경… 실탄을 훔쳐 온 후 분배한 후 각 배치 장소에 배치 잠복하였다가 06:30 심보길의 공포 1발 발사를 신호로 일제히 담당부서를 습격키로 하였습니다.

문: 피의자는 그 당시 몇 발을 분배 받았나요?

답: 3발 받아서 A-CP 내무반 공격 시 내무반에 쏘았습니다.

문: 거사가 이루어졌나요?

답: 네. 성공을 하여 심보길이 집합을 시킨 다음 전규, 이영수가 현장에서 사망한 고로 22명이…(확인 안 됨) 카빈 1정씩 22정(지급 받은 것), 권총 Cal 1정(심보길 소지), LMG 2정, TNT 3개, 수류탄 22개, 실탄 1인당 100발(Cal. 30), LMG 실탄 1 박스, 카빈 실탄 1 박스를 작전본부 사무실에서 가지고 왔습니다. 이 모두를 소지하고 비상식량 1 박스를 천막창고에서 가져 와 해안초소로 가는 산등성에서 나누어 먹었습니다.

문: 돈은 어데서 났나요?

답: 대장실에서…. 6,000원을 대장 죽은 뒤 가져와서 배 삯 4,000원, 송도에서 떡값 2,000원을 소비하였습니다.

문: 금반지는 누가 가져 왔나요?

답: 대장 죽은 뒤 ㅇㅇㅇ이 가져와서 손에 찼었습니다.

문: 얼마짜리인가요?

답: 3돈 짜리입니다.

문: 자폭은 언제 하기로 하였나요?

답: 중앙청에 가서 국무총리에게 억울한 사정을 호소하고, 이미 사람을 죽인 죄인이니까 중앙청 앞뜰에서 자폭키로 사전 결의된

것입니다.

문: 유한양행 앞에서 피의자가 수류탄으로 자폭하려고 할 시 안전핀을 뽑았나요.

답: 예. 안전핀을 뽑아서 앞에다 놓은 것을 장성관이가 몸으로 덮쳐서 터지는 바람에 죽었습니다.

문: 그 당시 자폭하라고 누가 지시하였나요?

답: 그것은 이미 중도에서 성공치 못 할 경우에는 언제 어느 때라도 자폭하기로 되어 있었습니다.

문: 유한양행에서 버스 내의 민간인들은 내보내고 자폭할 생각들은 안 했나요?

답: 그런 생각이 있었으나 누군가 나가라고 소리쳤으나 못 나갔습니다.

정기성이가 자폭하면서 뜻을 이루지 못했지만 후배를 위하여 국무총리께서 이를 알고 시정해 달라고 말하였습니다.

문: 사이드카 탄 순경은 누가 쏘았나요?

답: ○○○이 쏘았습니다.

문: 누가 쏘라고 했나요?

답: 권총을 빼기 때문에 정기성이 지시하였습니다.

문: 소사 검문소 지날 때는 순경을 누가 쏘았나요?

답: 앞에서 쏘아서 모르겠습니다.

문: 조개고개에서는 군인을 누가 쏘았나요?

답: ○○○이 쏘았습니다.

문: 검문소에서는 누가 10여 발을 쏘았나요?

답: 모르겠습니다.

문: 이상 진술한 것이 모두 진실인가요?

답: 진실입니다.

문: 더 할 말 있나요?

답: 없습니다.

2) 이서천

□ 1회(1971.8.27)

문: 피의자의 본적, 주소, 소속, 군번, 계급, 생년월일, 호주와의 관계, 주민등록증 번호를 말하시오

답: 본적 충북 청원군 부용면 문곡리(곡출)

주소 상 동

성명 이서천

생년월일 1940.12.12 생

호주 이한강(의부)의 장남입니다.

이때 조사관은 군법회의 제 231조 2항에 진술거부권이 명시되어 있음을 알린 즉 피의자는 다음과 같이 대답하다.

답: 조사관 물음에 사실대로 진술하겠습니다.

문: 과거 형사 처분, 기소유예 또는 즉심 등의 처벌을 받은 사실이 있는가요?

답: 전연 없습니다.

문: 정당이나 사회단체에 가입했던 사실이 있나요?

답: 전연 없습니다.

문: 훈장이나 기장 등을 받은 사실이 있는가요?

답: 없습니다.

문: 종교를 믿고 있는가요?

답: 아무런 종교도 신앙하지 않습니다.

문: 취미 및 기호는?

답: 취미는 별무하고 양식을 좋아합니다.

문: 특기는?

답: 입대 전에 개인 식당에서 8년 요리사로 종사했기 때문에 특기라면 요리를 들 수 있습니다.

문: 음주 및 끽연 정도는?

답: 소주 약 8홉 정도 마시고, 담배는 하루 평균 1갑 정도 피웁니

다.

문: 가족사항을 말하시오.

답: 실가족은 친여동생인 이행(향)순(30세)이 있는데 충북 현도면으로 약 10년 전에 출가했고, 친모는 사망, 현재의 의붓아버지인 이한강이 본적지에서 이복동생들을 데리고 농사를 지으며 살고 있습니다.

문: 동산, 부동산은 얼마나 되는가요?

답: 잘 모르겠습니다.

문: 피의자의 성장 과정을 말하시오.

답: 본적지에서 출생 전에 부친은 보지도 못하고 자라다가 6·25 사변 이후 모친이 저희 남매를 데리고 충북 청원군 남이면 선바우라고 불리는 마을에서 사는 외조모를 찾아가 감장사를 하면서 동거타가 외조모의 소개로 의부와 모친이 재혼하여 동거 중 저는 11세 되던 해 가출, 대전시 소재 고아원 공락원에 입원, 고아생활을 해 오다가 14세 되던 해, 동 고아원에서 나와 유성온천 천미옥에 사환으로 취직 종사타가 16세 되던 해 동 식당에서 나와 대전 시내 수 개 식당을 전전하면서 요리사로 종사타가 특공대에 입대케 된 것입니다.

문: 학교에 다닌 일이 있나요?

답: 학교는 못 다녔으나 한글 조금씩 읽을 수는 있고 쓸 줄은 모릅니다.

문: 피의자의 구속 통지는 누구에게 통지해야 하나요?

답: 의부 이한강에게 해 주십시오.

문: 피의자가 소속하고 있는 부대명은?

답: 유격사령부 684특공교육대입니다.

문: 피의자가 이 부대에 입대하게 된 경위를 말하시오.

답: 1968년 3월경 대전에서 무직으로 있을 때 돈이 없어 경찰병원 혈액원에 피를 뽑아 팔려고 갔다가 사는 사람이 없어 못 팔고 동 병원 문전을 나올 시 웬 40대 중반 한 분이 투기사업을 한번 해 보지 않겠느냐고 말하기에 무슨 일이냐고 했더니 국가를 위하여 이북에 한 번 갔다 오면 팔자를 고치고 충분한 보상을 해준다고 말함으로 이에 응낙하고, 그 당시 사전에 포섭된 임성빈, 김창구 등 본인 합하여 3명이 동인을 따라 은행동 소재 모 여관에 투숙. 소속 불상의 박 부장이라는 사람을 소개 받았는데 그 사람 말이 '대한민국을 위해서 목숨을 바칠 수 있겠느냐'고 묻기에 좋다고 했더니 박 부장 말이 3개월간 훈련을 받고 이북에 갔다 오면 소위로 임관을 시켜 원하는 데로 배속을 시켜주고 제대를 희망하면 제대를 시켜 원하는 직장에 취직을 시켜 준다고 하

더군요.

문: 이북에 가서 무슨 일을 하고 돌아오는 것이라고 하던가요?

답: 사진 촬영을 해 오면 된다고 했습니다.

문: 그래서 3명이 함께 입대한 것인가요?

답: 박 부장을 만나 후 국일 여인숙으로 옮겼는데 박 부장 말이 사람이 모자라니깐 더 포섭을 해야 한다면서 저희들에게 희망자가 있으면 데리고 오라고 하여 동 여인숙에 묵으면서 임성빈이가 추가로 김용환 외 성명 미상 1명 등 2명을 포섭하고, 박 부장이 박웅찬, 조석구, 전영관 등 3명을 또 포섭하여 도합 8명이 약 20일간 동 여인숙에서 숙식한 다음 모든 경비를 박 부장이 청산하고 동년 4.14. 경부간 특급열차 편으로 박 부장 인솔 하에 서울을 경유하여 인천에 도착, 1박 연후 4.15. 새벽에 부대 배편으로 교육대장 대위 김준석 인솔 하에 실미도에 아침 8시경 도착했습니다.

문: 도착 당시 실미도에 기간요원과 후보생이 있었는가요?

답: 기간요원은 박소위, 이연수 소위, 김민 소위 외 7~8명이 있었고 먼저 들어온 후보생인 파주패 7~8명이 있었습니다.

문: 입대 당시의 훈련지 및 기간 중의 대우 조건은?

답: 훈련 장소는 민가가 없는 산악지대이고, 장교후보생으로서

대우를 하여 보수를 지급하여 주고, 훈련이 끝난 후 이북에 갔다 오면 소위로 임관시켜 주고 원하는 데로 배속 또는 전역시켜 직장을 알선해 주며 충분한 보상을 해 주겠다고 했습니다.

문: 훈련 기간 중 하루 신탄진 한 갑씩 준다는 말을 들었는가요?

답: 저는 못 들었습니다.

문: 전 입대자 수는?

답: 저희가 2차로 섬에 들어갔는데 먼저 들어온 파주패가 7~8명이고 저희가 8명, 그리고 4.16. 충북 옥천패가 11명, 그 외 2명, 1명, 또 1명 등 포함 31명이 들어왔습니다.

문: 입대 일자 및 입대 선서 내용은?

답: 저희 31명이 무인도인 실미도에 훈련장을 신설키 위한 작업을 하고 동년 5.1. 입대 선서를 했습니다. 선서 내용은 훈련 중 도주하거나 또는 부주의로 사망할 시는 자살 행위로 간주한다는 선서와 서약서를 제출했습니다.

문: 입대 시 참석자는?

답: 사령관 전봉수 준장, 부대장 김호 중령, 박 부장, 하 부장.

문: 쌀과 보리의 혼합률은?

답: 한 끼에 밥 하는데 쌀이 소두 한 말, 보리가 소두 6되 등 4 : 6의 비율로 혼합하여 밥을 하는데, 그 양 가지고 기간요원 포함하

여 평균 50명이 먹습니다.

문: 밥이 남을 때가 없는가요?

답: 없습니다.

문: 밥은 누가 짓고 부식은 누가 만드는가요?

답: 후보생들이 윤번제로 실시하고 있는데 저는 요리 솜씨가 있어 약 1년 전부터 취사장 근무를 했습니다.

문: 실제로 만드는 부식이 1인당 얼마 꼴이 되는가요?

답: 제가 알기로는 1인당 1일 부식비가 10원 꼴 정도로서 1일 부식비가 약 500원 정도로서 50명이 먹고 있던 실정입니다.

문: 주로 부식물이 어떤 것인가요?

답: 무, 감자, 양배추, 가지, 콩나물 등으로서 사 오는 무로 깍두기를 만들고 콩나물국, 감자국, 가지나물, 호박국 등 부식은 한 가지로 먹습니다.

문: 호박은 심어서 먹는가요?

답: 예, 그렇습니다.

문: 양념은 어떻게 하는가요?

답: 고춧가루 한 가지로 깍두기를 하고 조미료로서 미원은 1,000그람짜리 한 봉 가지고 15일간 먹는데, 후보생들은 미원 구경하기가 힘들고 기간요원들이 주로 먹습니다.

문: 한 달에 부식비가 얼마 정도 되는 것으로 알고 있는가요?

답: 기간요원들이 주고받는 말을 들어 아는데 월 40,000원 정도 나온다는 말을 들었습니다.

문: 부식관계는 누가 담당하고 있었나요?

답: 배 상사가 담당하고 있었습니다.

문: 훈련은 어떠한 것을 받고 있었는가요.

답: 장애물 넘기, 사격훈련, 도강 하강 등의 훈련을 받아 왔습니다.

문: 하루 몇 시간씩 훈련을 받았나요?

답: 오전 08:00-17:00까지 훈련을 받고, 그 외 시간은 내무반에서 학과 교육 등을 받고 있습니다.

문: 1인당 급식량은?

답: 한 끼에 1홉 5작 밥으로서 항상 배가 고팠고 저는 개밥통에 있는 밥까지 먹은 적이 있습니다.

문: 담배는 어떻게 지급되나요?

답: 초창기에 약 1개월 동안 2일에 신탄진 한 갑씩 주다가, 백조, 금잔디, 화랑 등으로 바뀌어 주고 있습니다.

문: 피복 지급은?

답: 5개월에 한 번 씩 군화 지급을 받고 수시로 훈련화, 작업복은

1년에 평균 2벌, 수시로 일용품과 티샤쓰, 빤쓰 등이 지급됐습니다.

문: 오락시설은?

답: 당구장, 탁구장, 배구 네트, 축구공 등이 있고, 금년도 5월경 체육관을 신축하여 당수, 권투 등을 배우고 있었습니다.

문: 체육관은 누가 지었나요?

답: 사령부에서 목재, 시멘트, 기타 자재(함석 등)가 배편으로 도착하여 민간인 기술자(문관) 1명이 파견되어 우리 후보생들이 약 10일에 걸쳐 건립했습니다.

문: 체육관 건립비로 돈이 얼마 나왔다는 말을 들은 적이 있나요?

답: 기간사병들 간에 주고 받는 이야기를 들었는데 100만 원이 나왔다고 하더군요.

문: 실제 투입된 금액이 얼마나 들었다고 보는가요?

답: 제가 듣기에는 20만 원 정도 소모되었다는 말을 들은 적이 있습니다.

문: 훈련 기간 중 교관 요원들에게 혹사를 당한 사실이 있는가요?

답: 훈련을 잘 못한다는 이유로 인간 이하의 대우를 받고 기합 또는 폭행을 당한 사실이 많습니다.

문: 교관이나 기간요원들도 장기간 같은 섬에서 기거하였는가요?

답: 이들은 수시로 육지로 외출을 하고 있습니다.

문: 교육대장인 김순웅 상사는 실미도에서 기거하고 있는가요?

답: 수시로 육지에 나가 3일 내지 15일간씩 있다가 들어오곤 했습니다.

문: 교육대장으로부터 직접 훈련을 받은 일이 있는가요?

답: 주로 교육대장 감독 하에 훈련을 받고 있습니다.

문: 교육대장의 특별한 지시사항은?

답: 일체의 외부인과의 접촉을 금했고, 부대사항을 폭로하거나 높은 사람이 와서 부대 실정을 물을 때 무조건 만족하다고 답변하라고 지시하고, 만약 지시사항을 어길 시는 사형 처분하겠다고 함으로써 그간 사령부에서 높은 분이 와서 실정을 물어도 폭로할 수가 없었던 것입니다.

문: 훈련 기간 중 죽은 동료들이 있는가요?

답: 네 차례에 걸쳐 7명이 죽었습니다.

문: 7명이 죽게 된 동기 및 그 진상을 말하시오.

답: 68.7.11. 오후에 무의도 작전 훈련 중 음주한 당시 A조 부조장 이부웅과 A조원 신현준 등 2명을 A조 교관 이연수 소위 지시에 의거, 동료들에 의해 교육장 연병장에 둘을 묶어 놓고 몽둥이로 때려죽인 후 사격장 부근에 매장하였다가 70년 가을에 디젤

화장하여 유골을 바다에 버렸고, 70(69년 착오-필자 주).8.경 수영 훈련 중 B조원 조석구가 익사하여 구보장 끝에 매장하였고, A조 조장 윤태산이 무의도로 사역 나갔다가 기간요원 박만종 병장에게 술을 사 달라고 강요하며 권총을 탈취한 것을 박 병장이 달래어 귀대, 동 사실 내용을 교관 백 소위에게 보고, 동 사실을 인지한 당시 견습 후보생인 B조 조장 장정길이 동료로 하여금 연병장에 묶어 놓고 몽둥이로 때려 죽여 디젤 화장시켜 유골을 바다에 버렸고, 그 후 가을에 B조 부조장 황철복, B조원 강찬주, C조원 강신옥이 무의도로 탈출, 초등학교 숙직실에서 처녀 1명을 능욕 후 3명 공히 식칼로 자결을 기도했으나 황철복은 현장에서 즉사하고, 강찬주는 왼쪽 발목의 동맥을 끊었으나 죽지 않고 있었고, 강신옥은 복부를 찔렀으나 죽지 않고 내무반에서 상처에 봉합을 했으나 3일 후 자연 사망했고, 강찬주는 발목 상처로 내무반에서 대기 중 그 다음 날 소대장 김빈 소위 지시에 의거, B조 조장 장정길이가 밤에 해변 가로 끌고 나가 대검으로 찔러 죽인 다음 그 다음 날 저녁에 디젤 화장시켜 유골은 바다에 버렸습니다.

문: 화장 시에는 누가 참석하는가요?

답: 각 소대장이 입회하고 후보생 몇 사람이 작업에 착수하여 화장시킨 후 바다에 유골을 던져 버려 왔습니다.

문: 훈련 기간 중 외출 휴가를 간 사실이 있는가요?

답: 육지는 고사하고 무의도로 외출을 좀 보내 달라고 여러 번 건의했지만 거부당했을 뿐 아니라, 일체의 휴가도 없고, 외출도 없었으며, 능욕 사건 이후인 71. 3-5월 말 지간에 월 2회에 걸쳐 6명씩 교관 인솔 하에 인천부두로 단체 야간 외출하여 3차에 걸쳐 여인숙에서 창녀를 하룻밤씩 접대 받은 일이 있고, 잔여 6명은 그나마 외출을 못 했습니다.

문: 6명은 왜 못 갔나요?

답: 훈련 성적이 좋은 사람만 내 보냈기 때문에 6명은 못 나간 것입니다.

문: 서신 왕래는 있었는가요?

답: 일절 할 수가 없었습니다.

문: 피의자는 같은 피교육자 등과 합세하여 교관 등 기간요원 등을 살해하고, 서울 시내로 침입하면서 군경과 총격전을 벌여 군· 경· 민을 살해하는 등 집단소요를 자행한 사실이 있는가요?

답: 네. 그런 사실이 있습니다.

문: 연이면 교육대를 집단 탈출하여 어디로 가려고 했는가요?

답: 사령부나 청와대로 가려고 했습니다.

문: 집단 탈출케 된 동기는?

답: 입대 선서 당시 3~6개월간 훈련을 받으면 이북으로 가서 임무를 마치고 돌아와 소위로 임관시켜 준다고 말했으나 3년 4개월이 되도록 아무 말이 없고, 장교 후보생 대우를 해 주겠다는 말이 거짓이고, 봉급도 지급해 주지 않고, 외출 휴가도 없이 무인도에 감금해 놓고 인간 이하의 대우를 받고 있는데 불만을 품고, 사전에 각 조장들이 모의하여 사령부나 청와대로 가서 실미도의 실정을 폭로하여 목적이 달성되지 않을 경우 자폭하자고 결의하고 봉기한 것입니다.

문: 그 일시 및 경위를 말하시오.

답: 1971.8.23. 06:00. 일조점호를 마치고 동초 경비를 하고 있을 때 장성관이가 취침 중인 교육대장 김준석 대위를 망치로 살해, 동 소에서 카빈 실탄 60발을 탈취하여 탄약고인 A-CP로 달려가 기간사병을 향해 난사 살해한 후 동 탄약고에 뛰어들어 15발 들이 카빈 탄창이 8개씩 들어 있는 탄약 박스(120발) 수 미상을 창문 밖 후보생들에게 던져 주고 후보생들은 동 탄약 박스에서 탄창을 꺼내 나누어 갖고 장전한 후 도피하는 기간사병을 살해하기 위해 분산 추격 살해할 시, 저는 근무 초소에서 뛰어 내려와 근무 시 소지했던 M1소총을 버리고 내무반에서 카빈을 소지, 탄약고 앞에 흩어진 카빈 실탄이 들어 있는 탄창을 장전하고 동료

들과 함께 해변으로 도주하는 기간요원을 향해 15발을 난사 후 기간사병의 잔여 유무를 확인하기 위해 수색작전을 벌이다가 잔여 병력이 없음을 확인하고 동일 07:00경 C조 내무반 앞에 모였습니다.

문: 그 당시 동료들이 몇 명 죽었나요?

답: C조 내무반과 기간사병 내무반 사이 노변에 1명(B조 부조장 이영수)이 죽고 1명(A조원 전균)은 기간사병 내무반에서 죽었습니다.

문: 기간사병은 어디서 몇 명이 죽었는가요?

답: 본인이 발견한 것은 B-CP내무반에 3명이 죽어 있었고, A-CP 내무반에 3명이 죽어 있는 것을 발견했습니다. 그 외는 보지 못했습니다.

문: 조장들이 모의한 후 조원들에게 봉기할 계획을 이야기했는가요?

답: 저는 사전에 듣지 못했고 사고 당일 아침에 경비 근무 중 총성이 나고 전영관이가 A-CP를 난사 실탄을 내던짐으로써 사태가 벌어진 줄 알았습니다.

문: 그 후 주동인물이 누구인지 알고 있는가요?

답: 3개 조장이 주동하여 지휘했습니다.

문: C조 내무반 앞에 모여 어떻게 행동을 하기로 했는가요?

답: A조 조장 심보길이 집합 자리에서 우리의 실정을 사령부나 청와대에 가서 소상히 알리고, 만일 만나주지 않으면 어차피 죽을 몸이니 자폭하자고 결의하고, C조 조장 정기성과 A조 부조장 박원식, B조 조장 장정길, B조 조원 전영관 등 4명이 배를 붙들러 가고, 나머지 인원은 무기고에서 LMG 기관총 1정, 실탄 1상자(1700발), 수류탄 7발 등을 갖고 와 1인당 실탄 100여 발과 별도로 실탄 1상자를 갖고 수류탄은 조원들이 각기 휴대하고 대기하고 있다가 동일 08:00경 배를 잡으러 나간 동료들에 의해 1리 홍덕호(고기잡이 배)에 22명이 승선하여 인천으로 가자고 했더니 배에 기름이 없다고 하는 것을 각 조장들이 가다가 기름을 사줄 테니 가자고 말하고 동 고깃배를 타고 가다가 약 5분 후 중선(새우잡이 배)을 만나 환승하고, A조장 심보길이가 얼마인지 모르나 뱃삯을 주고, A조 조장이 선장에게 우리는 지금 작전 중이어서 인천으로 들어갈 수 없으니 송도 쪽으로 데려다 달라고 하여 송도 앞 해상 약 4키로 지점에서 썰물 때라 배가 더 육지로 다가댈 수 없어서, 그 지점에서 내려 약 20분쯤 갯벌을 걸어 송도 채석장 부근에 상륙했는데, 육군 경비초소에 예비군 복장을 한 군인이 무슨 부대냐고 묻기에 앞에 사람들이 복장을 보면 몰라 하면서 684특공교육대 마크를 보이고, 저한테 재차 묻기에 앞에

사람들에게 물어라 하고 동 초소 앞을 통과한 후 채석장 앞에서 인원을 정돈 파악하기 위해 잠시 쉬어 갯벌 흙을 털고 물에 씻은 다음, A조 부조장 박원식이가 C조 조장 정기성에게 다 왔다고 보고한 후 배에서부터 메고 온 LMG기관총은 채석장 앞에 놓고 다른 사람과 교대하고, 저는 M2 카빈 1상자와 카빈 총 1정을 메고 갔고, 그 외 인원들은 카빈 소총을 메고 행군을 했는데, LMG는 앞에서 누군가가 메고 갔습니다.

문: 그 후 어떻게 됐는가요?

답: 채석장에서 소로를 따라 인천 시내 쪽으로 걸어서 가다가 소나무가 많은 고개에서 지나가는 떡 장수로로부터 떡 한 목판을 2,000원에 심보길이가 사서 전 조원이 10여 개씩 나누어 먹고 있는 동안 A조 조원 이광용, 김기정이가 경비를 서고 있었는데, 육군들이 포위를 하고 온다고 하여 전원 일어서서 신작로로 나와 11명씩 나누어 양 길 가로 걸어가던 중 전면에서 오는 일반 버스를 세워 전원이 타고 약 400미터 가는데 바른 쪽에서 사격을 먼저 가해 오더니 왼쪽과 앞에서도 일제 사격을 가해 옴으로써 운전사의 오른 발(팔)에 관통상을 입었고, A조 조장은 버스 내 우측 뒤에 앉아 있다가 왼쪽 이마에 관통상을 입고 버스 내에서 사망하고, 그 외 타고 있던 민간인 및 동료는 괜찮았는데, 운전수

는 운전을 못 하겠다고 해서 B조장 장정길이 운전하고, 버스 내에 탔던 동료들이 밖을 향하여 난사하며 상호교전하고 가다가 장정길의 운전이 서툴러서 부상당한 운전수가 다시 운전대에 앉아 운전하고 가려고 했는데, 뒷 다이야(타이어)가 파열되어 못 간다고 하기에 장정길이가 다시 운전대를 옮겨 파열된 바퀴의 차량을 몰고 조개고개에 올라섰을 때 뒤에서 오는 급행버스를 잡기 위해 고개에서 세워 놓고 전원하차, 급행버스를 세워 갈아탔습니다.

문: A조장 심보길은 사망한 채 전 버스에 놓고 내렸는가요?

답: 네. 심보길과 그 후 알았는데 전영관도 버스에서 맞아 죽어 두 시체를 놓고 20명이 갈아탔습니다.

문: LMG는 차에 싣고 왔나요?

답: 떡 사 먹던 곳에 감춰 놓고 왔습니다.

문: 연이면 급행버스에 갈아타고 어떻게 됐는가요?

답: 버스를 갈아타고 평온하게 인천 시내를 빠져나와 어느 지점인지는 모르겠으나 뒤에서 사이드카를 타고 오던 경찰관이 마이크를 들고 버스 서라고 정지신호를 하며 추월하여 버스 앞으로 갖다 댔는데 그것을 C조 조장 정기성이가 카빈 M2로 1발을 쏴 복부에 맞고 현장에서 즉사하고 정기성은 버스 내부 오른쪽 앞

에 앉아 운전수에게 총을 겨눠 놓고 반항하지 말고 계속 몰고 가라 함으로써, 운전사는 겁에 질려 계속 몰고 갔던 것입니다.

문: 그 당시 버스 내에 어떻게 앉아 왔나요?

답: 버스 내 양 창문 쪽으로 민간인을 앉히고, 운전수 뒷좌석 좌측 안쪽에 B조장 장정길이, 버스 내 우측 맨 앞에 C조 조장 정기성, 그 뒤에 A조 부조장 박원식 등이 앉아 있었고, 중간 좌석에는 조원이 앉아 있었는데 누가 어느 쪽에 앉아 있었는지는 잘 모르겠고, 저는 우측 뒷좌석 안쪽에 앉아 있었으며, 내 앞에는 C조 조원 장성관, C조 조원 김봉용이가 각각 앉아 있었습니다.

문: 기동경찰관을 살해 후 어떻게 됐는가요?

답: 기동경찰관을 살해 후 차가 계속 달려오던 중 지점은 잘 모르겠지만 검문소에서 경찰관 1명이 나와 차를 세우는 것을 서지 않고 달리면서 정기성인지 박원식인지 잘 모르겠으나 우측 앞에 앉아 있던 동료가 칼빈 소총 1발을 발사, 그 경찰관의 하퇴부를 맞았는데 다른 1명의 경찰관이 나타나 카빈 소총으로 우리 버스를 향해 쏘려는 것을 보고 제가 약 15발을 발사, 그 경찰관은 가게에 숨고, 버스는 계속 달려오던 중 영등포역 못 미쳐서 앞에 앉아 있던 장정길이가 "이 새끼 배신한다!" 하고 고함을 지르면서 운전대를 탈취, 그 당시 운전사는 뛰어내렸는지 있었는지 잘 모르겠습니다.

운전석에 앉아 운전하던 장정길은 영등포 역전을 통과, 어떤 삼거리에 이르렀을 때 로터리 잔디밭에서 군인들이 버스를 향해 일제 사격, 이에 버스 내에서 타고 있던 우리들도 밖을 향해 응사하고 버스는 앞으로 계속 질주타가 우측으로 쓰러지면서 가로수를 들이받았습니다. 그리고 정차되고 밖에다 대고 계속 응사타가 앞에서 수류탄 2발이 터지는 소리가 들리고 앞에 사람들이 쓰러지고 저도 소지하고 있던 카빈 소총으로 자폭하려고 했는데 앞에 수류탄 터지는 소리에 정신을 잃고 쓰러져 있었던 것입니다.

문: 그 후 상황을 알 수 있는가요?

답: 깨어 보니 병원 침상이었고, 그 외 상황은 잘 모르겠습니다.

문: 피의자는 금번 사건에 대하여 여하히 생각하는가요?

답: 많은 사상자를 내 크나큰 죄를 저질러 백번 죽어 마땅하나, 이번 기회에 우리들의 실정을 소상히 밝힌 것을 다행으로 생각하고, 후배 양성에 있어서는 또 다시 이런 일이 없기를 바랄 뿐이고, 여하한 처벌이라도 달게 받겠습니다.

문: 이상 진술한 내용이 사실과 틀림없는가요?

답: 예. 틀림없습니다.

문: 더 할 말 있나요?

답: 없습니다.

□ 2회(1971.8.28)

문: 전 회에 진술한 내용은 사실과 틀림없는가요?

답: 틀림없습니다.

문: 훈련기간 중 부대장과 개인 면담을 받은 사실이 있는가요?

답: 각 조장급만 면담을 3~4회에 걸쳐 했고, 조원 등은 면담을 해 본 일이 없습니다.

문: 전임 부대장과 면담은 하였는가요?

답: 전임 때 2회 정도, 현 부대장 때 2회 등을 실시했습니다.

문: 부대장과 만날 수 있는 기회가 있었는가요?

답: 전 부대장과 만나 함께 여담을 나눠 본 일은 없고, 현 부대장은 가끔 만난 적이 있고, 우리 후보생에게 참 잘해 주어 존경을 받고 있었으며, 현 부대장이 부임 이후인 작년 가을에는 깡맥주를 사 가지고 들어와 회식까지 시켜 주며 위로하여 주어 마음이 흡족했습니다.

문: 전임 부대장은 후보생들을 어떻게 대하였는가요?

답: 잘 대해 주어 후보생들에게 욕을 먹지 않았습니다.

문: 지난 8월 20일 밤에 3개 조장 및 부조장들이 내무반에서 술을 마셨다고 교육대장 이하 소대장들에게 구타를 당하였다는 게 사실인가요?

답: 저는 그냥 다리가 아파서 훈련에 나가지 못했지만 동료들로

부터 들은 이야긴데, 그날 08:00~17:00까지 대무의도로 주간 습격 훈련을 나가 작전을 수행하고 귀대 도중 무의도 해수욕객으로부터 2홉짜리 소주 1병을 받은 B조 조장이 위장복 주머니에 넣었다가 수통으로 옮겨 따라 넣고, 내무반에 돌아와 B조원이 조금씩 나누어 마신 것을 교육대장에게 들켜 그날 밤 3개 조장 및 부조장들이 불려가 매를 많이 맞고 돌아온 사실이 있습니다.

문: 누구누구로부터 구타를 당하였는가요?

답: 말 듣기에는 부조장 및 조장 등이 교육대장과 소대장, 조교 등에게 무수히 구타를 당하고 A조장 심보길(38세)은 허리를 다쳐 부축해 내무반으로 데리고 간 사실이 있습니다.

문: 이 때부터 극도로 반발심이 생긴 건가요?

답: 제 생각으로는 그때부터 3개 조장이 분하게 생각하고 탈출할 것을 모의한 것 같습니다.

문: 그날 밤 각 조원들은 기합을 받았는가요?

답: 조별로 소대장으로부터 기합을 받았습니다.

문: 어떤 기합을 받았는가요?

답: 기합이라면 집합시켜 놓고 구타를 당하는 것인데, 한 번 기합을 받았다 하면 10여 차례씩 수권으로 안면부와 족축을 합니다.

문: 그 후 각 조장들이 모여 집단 탈출에 관한 구체적인 계획을 세우지 않았는가요?

답: 그런 일이 생긴 후 조장들끼리 모여 이야기를 주고 받는 것을 보았는데, 이런 계획을 갖고 있는 줄은 몰랐고, 또한 저는 사전 거사에 대한 말을 들은 적이 없습니다.

문: 피의자 등은 당초 대한민국을 위하여 목숨을 바쳐 적지에 다녀오겠다고 결심을 먹고 훈련 중에 있는 피교육자로서 고독과 약속 불이행, 과도 기합에 불만을 갖고 집단으로 기간요원을 살상하고 탈출하여 무차별 군· 경· 민을 살상한 데 대하여 어떻게 생각하는가요?

답: 전연 용납될 수 없는 일이라고 저는 생각합니다. 이미 목숨을 바치기로 결심한 이상 어떤 곤욕이라도 이겨 나갈 생각이었는데, 후보생 중 가장 연장자인 심보길, 그리고 아주 질이 좋지 않은 장정길, 그리고 그 외 조장들이 참지 못하고 그 쪽이 되어 일을 저지른 것입니다.

문: 조원들이 거사에 반대할 뜻을 갖고 있던 사람은 없었는가요?

답 그런 마음을 갖고 있어도 조직들 명령에는 무조건 복종을 해야 되는 실정이므로, 의사가 있어도 표시할 수 없게 되어 있고, 저의 경우 사건이 발생했을 때 매우 안타깝게 생각했습니다.

문: 기간요원들을 상해치 않고 위협하여 탈출할 수 있는 방법은 없었나요?

답: 기간요원들은 장전된 무기를 각자 소지하고 있었기 때문에 막상 탄약만 약탈하여 위협하여 나온다 하더라도 그들이 내보내지 않을 것을 예상했기 때문에 사살하고 탈출하게 된 것입니다.

문: 연이면 육지에 나와서 군경을 무차별 살해한 이유는?

답: 먼저 인천에서 민간버스를 타고 갈 때 군인들로부터 집중사격을 받아 왔기 때문에 응사하게 된 것이고, 저희는 처음부터 선수로 무차별하게 사격을 가한 사실은 없고, 버스 내 민간인 사상자는 밖에서 날아온 총탄에 맞은 것이고, 경찰관(사이드카)을 살해한 것은 목적지를 무사히 가기 위한 수단이었으며, 잘못으로 생각하며, 그 외 민간인들은 버스 내에서 자폭키 위해 터진 수류탄에 애석하게 희생되었는데, 진심으로 애도의 뜻을 표하며, 유가족에게 진심으로 사과를 하고 있습니다.

문: 훈련 기간 중 죽은 동료들에 대하여 느끼는 소감은?

답: 1명은 수영 훈련 중 익사하였기 때문에 어쩔 도리가 없고, 3명은 교육대를 고의로 탈출, 처녀 2명을 강간 후 자결하려고 했으니 죽어 마땅하나 3명은 무참히 동료들에게 맞아 죽었는데, 이는 동료 중 악질적인 ○○○이 선동하여 조원들로 하여금 죽이게 한 것으로서, 유격대에 입대하기 전에 문산에서 운전수로 있으면서 같이 문산패로 들어온 과거 깡패 출신인 윤태산과 ○○

ㅇ으로부터 괄시를 많이 당해 온 것을 보복하기 위해 동료들을 선동하여 죽인 것입니다.

문: 혹시 교육대장이나 소대장들 지령에 의해 죽인 것이 아닌가요?

답: 막상 그분들이 처치하라고 지시했다 하더라도 생사고락을 함께하고 목숨을 바쳐 들어온 동료들이 반대하면 죽일 수 있었겠습니까. 제 생각으로는 입대 전에 괄시받은 것을 보복하기 위해 행한 조처라고 봅니다.

문: 피의자는 하강훈련 중 입원한 사실이 있다는데 사실인가요?

답: 네. 68.5.31~68.7.10까지 미8군 에스캄(ASCOM) 병원에 입원한 사실이 있는데, 하강 도강 훈련 중 떨어져 다리가 골절되었습니다.

문: 이상 진술한 내용이 사실과 틀림없는가요?

답: 틀림없습니다.

ㅁ 3회(1971.8.31)

죽어 마땅하나 후배들을 위해 그간 지내 온 상황을 만천하에 폭로한 것을 다행스럽게 생각합니다.

□ 4회(1971.9.4)

문: 전 1, 2, 3회에 진술한 것은 사실과 틀림없는가요?

답: 네. 모두 틀림없이 사실대로 진술했습니다.

문: 피의자는 이서천이가 틀림없는가요?

답: 네. 제가 이서천이 틀림없습니다.

문: 피의자는 특수 유격훈련 요원 어느 조에 속해 있었는가요?

답: 네. 저의 교육대에는 특수 유격훈련 요원 24명을 8명씩 3개 조로 나누었는데, 저는 C조에 속해 있었습니다.

문: 1971.8.20. 야간에 음주했다는 이유로 구타를 당한 사실이 있다는데, 그 경위와 일시 및 장소를 말하시오.

답: 1971.8.20. 18:00~17:00 지간에 동 2325부대 209파견대가 위치한 실미도로부터 약 400미터 떨어진 대무의도에 본인과 B조원 전영관만 빠지고 나머지 22명이 각 기간요원 소대장 인솔로 A, B, C 3개 조장을 비롯한 전원이 유격 훈련을 나갔었는데, 그 당시 귀대하면서 B조 조장 장정길이가 소주 4홉 가량을 수통에 담아 가지고 와서 동일 오후 9시경에 각 내무반에 들어왔을 때 B조 조장 장정길이가 B조 내무반에서 B조원들과 같이 대무의도에서 해수욕하는 민간인으로부터 얻은 소주 4홉을 나누어 마시려고 하는데 교육대장…(내용 확인 안 됨) 내무반 순시 중에 그 수

통에 술이 들어 있는 것을 알고 즉시 각 기간요원 소대장 3명을 교육대장실에 불러 가지고 음주가 금지되어 있는데도 교육요원들이 술을 감추어 가지고 와서 음주하려 했다고 구타를 하고, 다시 각 특수 훈련요원 A조장 심보길, 동 부조장 박원식, B조장 장정길 동 부조장 이영수, C조장 정기성, 동 부조장 박응찬 등 각 조장, 부조장급 6명을 특수요원 내무반 앞에 집합시켜 놓고, 주먹과 발길질 등 약 10여 회씩 구타를 했습니다. 그러고 나서 각 A, B, C 소대장들이 내무반 별로 집합시켜 한 사람씩 그 각 조 대열 앞에 나오라고 하여 각 소대장들이 주먹과 발길질 등 약 10여 회씩 구타를 했습니다. 특히 그 당시 A조장 심보길은 왼쪽 허리를 심하게 맞아서 A조원들이 부축하여 A조 내무반에 데리고 들어간 것을 제가 목격했습니다.

문: 대무의도 유격훈련 시 피의자와 B조원 전영관은 왜 빠졌는가요?

답: 저는 그 당시 오른발이 당수 훈련하다가 상처를 입어서 못 나가고, 전영관은 취사장 근무 관계로 둘이만 못 나갔습니다. 그래서 저는 소주를 얻어온 것을 몰랐는데, 교육대장 김순웅 상사가 소대장 및 각 조장, 부조장들을 불러 구타하고, 저희들을 구타하면서 주의를 줄 때 B조장 장정길이가 말해서 제가 들어 알게 된 것입니다.

문: 그러면 그 당시 각 기간 소대장 요원들은 누구 등이었나요?

답: A조 소대장은 위장 호칭 최 소위, B조 소대장은 위장 호칭 김 중사, C조 소대장은 원래 위장 호칭 원경식 중위였는데, 당시 인천에 출장 중이어서 최 중사라고 소대장 대리 근무 중이었는데, 이들이 저희들을 구타했었습니다.

문: 그러면 그 당시 각 소대장들로부터 구타를 당한 후 어떻게 되었나요?

답: 각 조원들이 소대장들로부터 동일 오후 21:00경부터 차례차례로 약 10여 회, 다른 조원들은 20여 회 맞은 사람도 있으며, 동일 21:40분경까지 구타를 당하고, 각 조 내무반으로 들어가 취침하였는데, 저희 C조장 정기성은 A조장 심보길이 많이 다쳤기 때문에서인지 위문 차 A조 내무반에 갔다가 약 10분 만에 돌아와 그날 저녁은 C조 내무반 역시 바로 취침하였습니다.

문: 그러면 그 익일은 그 구타당한 데 대하여 어떻게 하기로 했었는가요?

답: 그 익일은 1971.8.21(토요일) 오전 09:00경, A조장 심보길, B조장 장정길, C조장 정기성 등 3명이 A조 내무반 옆 이발소로 모여 들어가 약 30분가량 이야기하는 것을 보았는데, 어제 구타당한 데 대하여 어떤 대책을 세우자는 것으로 생각됩니다.

문: 각 소대장으로부터 구타당한 후 당시 각 조장 및 조원들의 동태는 어떠했었는가요?

답: 저 역시도 그랬지만 모든 조원들은 이 날까지 3년 4개월 동안 특수요원으로 길러 놓고, 이제 술 조금 먹으려 했다고 그토록 무참히 구타를 한다는 것은 너무 혹독한 행위가 아닌가 하고 교육대장을 비롯해 각 소대장들에게 울분한 마음들을 가지고 있었습니다. 그리고 1971.8.21부터 22일까지 간에 저희 C조장 정기성이가 C조원 부조장 박응찬, 장성관들을 수시로 내무반 밖으로 불러내어 자기들끼리 금번 구타당한 데 대하여 어떤 대책을 의논하는 것을 보았는데, 저한테는 직접적으로 말하지 않았으나 무슨 일이 일어날 것으로 눈치는 채고 있었습니다.

문: 그러면 8월 22일(일요일)은 어떻게 하기로 했었나요?

답: 그 당시 교육대장 김순웅 상사는 8월 21일 토요일 9시경에 인천으로 나갔다가 8월 22일 일요일 오후 6시경에 209파견대로 들어왔는데, C조 장성관이가 내무반에서 C조원들에게 교육대장 김순웅 상사를 찾아가 항의를 하든지 무슨 일을 내야지 분해서 못 살겠다고 하는 말을 들었으며, 그 외 다른 말은 별로 들은 것 없으며, 계속 C조장 정기성, 부조장 박응찬, 장성관은 모여서 쑤근쑤근 밀담들을 하고, A조 내무반에 심보길을 각 조장, 부조장 급들이 찾아가서 밀담하는 것을 보았으며, 무슨 이야기하는 지는 구체적으로 몰랐습니다.

문: 그러면 피의자는 71.8.21~22일간 무엇을 했는가요?

답: 8월 21일은 오전에 내무반에서 세탁을 하고, 오후 5시부터 6시까지 타워망대 뒤 동초 근무를 하였고, 8월 22일은 12시부터 14시까지 역시 망대 뒤 동초 근무를 한 외에는 내무반에서 쉬었습니다.

문: 8월 23일은 사건 발생 시간 이전에 무엇을 했나요?

답: 8월 23일 06시부터 07시까지 타워망대 뒤 동초 근무를 순서에 의해 제가 내무반 뒤 후문으로 통하여 산 위에 있는 동초 근무 차 올라가 있었는데, 동일 06시 40분경 총소리가 1발 나면서 계속 총성이 나고 저희들 특수훈련요원들이 기간요원들을 사살한 사건이 발생하였으며, 저도 이때에 가담한 것입니다.

문: 그러면 피의자가 그 사건에 가담하여 행동한 사항을 구체적으로 말하시오.

답: 1971.8.20. 야간에 소대장들로부터 구타당한 후, 훈련요원 전원이 울분 상태에 있었는데, A조장 심보길을 비롯하여 각 조장, 부조장과 수 명의 조원이 자주 밀담을 하여 구타당한 데 대한 모종의 보복 행위를 모의하는 것이 아닌가 하고 눈치만 채고 있었던 차, 1971.8.23. 06시에 내무반 뒷산에 있는 타워망대 동초 근무를 서고 있는데, 동일 06시 40분경 총성 1발이 나고 조금 있다가 연발의 총성이 들리기에 동초 근무 시 휴대하고 있던 실

탄 없는 M1소총을 급한 맘에 놔 둔 채 C조 내무반 앞에 오니까 C조 내무반 앞에 C조장 정기성이가 내무반에 훈련용으로 지급된 총을 가지고 오라고 해서 가지고 나오는데, A-CP 무기고에서 누구인지는 기억 없으나 카빈 실탄 30발을 분배해 주기에 제가 휴대한 CAL-30 M1소총에 30발을 장탄하고, C조장 정기성의 지시에 따라 B-CP 기간요원 내무반에 있는 기간요원을 살해하라는 임무를 받고 B-CP로 갔습니다. 그래서 이때부터 저도 그 난동 사건에 적극 가담하게 된 것이올시다.

문: 그러면 각 기간요원들은 각자 어떻게 사살된 것인가요?

답: 카빈 총에 실탄 30발을 장탄할 때에 C조 내무반 안에서 C조 소대장 대리 근무하던 ○○○가 총 개머리판으로 두부를 맞고 총탄 등에 의해 사살되어 있었는데, 그 당시 누가 사살했는지 잘 모르겠고, A조 소대장 최 소위라고 호칭하는 ○○○가 A-CP에서 일직근무를 마치고 A조 내무반에 가던 도중 B조 내무반 앞에서… (판독 불능) 뒤로 돌아서게 한 다음 교육대장 김순웅 상사로부터…(판독 불능) 교육대장 김순웅 상사를 쇠망치로 때려죽이고 탈취한 CAL-38권총으로 쏘아 죽였고, 해안으로 도망치던 B조 소대장…… 쫓아가 카빈 총으로 쏘아 죽였다고 하며, 정문 앞 해안으로 도망하여 물속으로 헤엄쳐 가는 것을 발견하고 제가 해

안으로 쫓아가 8발을 발사하였으나 맞지 않아 ○○○이 제 총을 뺏어 가지고 1발을 쏘아 명중시켰는데, 기간요원 중 누구인지는 잘 모르겠습니다.

그리고 통신실은 B조원 전영관이가 탈취한 수류탄 8발 중 1발을 투척하여 폭파시켰습니다. 그리고서 A조장 심보길이 전원 집합을 시켜 내무반 앞에 모였는데, B조원 이영수는 A-CP 앞에서 기간요원에게 교전 중 사망하고, A조원 전균은 B-CP 앞에서 기간요원에게 교전 중 사망하여 24명의 요원 중 22명이 집합하여, 그중 B조장 장정길, C조장 정기성, A조 부조장 박원식, B조원 전영관 4명은 육지로 탈출하기 위해 어선을 부르러 나갔었는데, 그 당시 심보길이 저희들에게 중앙청이나 사령부(2325부대 본부)로 가서 우리들의 억울한 사정을 호소하자고 하였습니다.

그런데 그 당시 현장에는 기간요원 18명이 저희들한테 사살된 것입니다만 제가 그 당시 늦게 나왔기 때문에 누구 총으로부터 죽은 것인지는 앞에 말씀드린 최상봉 하사, 김종화 하사, 안인기 하사 3명밖에 그 외는 잘 모르겠습니다.

문: 중앙청이나 사령부에 호소하려 했다면 무기고에서 많은 실탄과 폭발물을 탈취하여 간 이유는 무엇인가요?

답: 수류탄 7발, LMG 1정, TNT 2.5 파운드, 카빈 실탄 1인당 100

발씩 2,200발 등은 소지하고 나왔는데, 이것은 저희들의 억울하게 구타당하는 등 문제를 호소하러 가는데 가는 도중 방해하는 자들이 있으면 사살하고 또한 수류탄은 호소하는 것이 응해지지 않을 때 자폭하려고 한 것이올시다.

문: 인천 송도에 22명이 상륙하여 민간버스를 탈취하여 승차 진행 중 총격을 가한 것을 말하시오.

답: 1971.8.23.11:40경 인천 송도에 상륙하여 송도에서 동인천으로 운행하는 민간버스를 A조원 이광용이가 앞에 나가서 총으로 위협 정차시키고 전원 승차 후 서울로 운행케 하여 약 400미터 왔을 때 육군병력 약 15명이 차단하려고 하기에 계속 진행케 하던 중, 육군들이 총을 쏘기에 저를 비롯한 일행들도 응사하였는데, 저도 그 당시 약 10발 가량 육군들을 향하여 발사했는데 누가 얼마나 맞았는지는 잘 모르겠습니다.

문: 당시 민간버스 운전수에게 총격을 가한 것은 누구인가요?

답: 당시 운전수가 가다가 서행으로 정차하려고 하므로 B조장 장정길과 C조장 정기성이 계속 진행하지 않으면 죽이겠다고 총으로 위협했으며, 운전수가 오른손에 총을 맞은 것은 육군과 저희들 간에 교전 중에 맞은 것이고 직접 저희들이 한 것은 아닙니다.

문: 그 당시 운전 대행은 누가 했나요?

답: 장정길이가 했습니다.

문: 제2차로 민간버스를 탈취 승차하고 총격을 가한 것은 누구인가요?

답: 첫 번째 버스가 석바위라는 곳에서 타이어가 파열되어 운행 불능케 되어, 당시 육군과 교전 중 사망한 A조장 심보길, 김기정과 부상자 김병염, 전영관 등 4명은 첫 버스에 놓아 둔 채로 동일 13:30경 나머지 18명이 내려서 저희들이 타고 가던 버스 뒤에 따라 오다가 앞차로 인해 정차중이던 직행버스의 문을 열게 하고, 전원이 위협하여 중앙청으로 가자고 강요하여 승차 진행 중 A조원 이광용이 공포 15발 가량을 난사했으며, 경기도 부천군 소사읍 부근 역 도달할 시 경찰 사이드카가 추격해 온 것을 카빈총 1발을 쏘아 동 사이드카 운전 경찰을 사살했습니다. 그리고 소사읍 신앙촌 입구 소사 검문소를 통과하면서 동 검문소 순경이 검문하는 것을 카빈총을 1발 쏘아 사살하고, 당시 다른 순경이 저희들이 탄 버스에 총을 쏘려고 하므로 제가 약 15발 가량을 발사했는데, 그 순경이 근처 상점으로 숨어 버렸기 때문에 사살하지는 못했습니다.

문: 서울 영등포구 소재 경성방직 공장 앞에서 운전수 탈출로 인해 누가 운전대행을 했는가요.

답: 운전수가 그 공장 앞에서 없어졌기 때문에 B조장 장정길이

운전 대행을 하고 대방동 로터리까지 진행 중, 경찰관들이 매복하고 있어서 상호 저희들과 교전했습니다.

문: 영등포 로터리에서 교전 시 피의자는 몇 발이나 발사했는가요?

답: 동 버스 내에 타고 있던 18명이 전부 경찰관들에게 총을 쏘는데 저는 약 10발 가량 쏘아서 응사했습니다.

문: 동일 14:17경 유한양행 앞에서 버스가 충돌하였을 때 수류탄은 누구 등이 폭발시켰나요.

답: 그 당시 수류탄은 7발로서 각 조장, 부조장 및 조원 등 7명이 가지고 있었는데, 저는 갖지 못했고 그 버스 내에서 각자 수류탄 핀을 뽑아 자폭한 것입니다. 그리고 그 이후는 어떻게 됐는지 모르겠습니다.

문: 해안초소 초병 근무자 ○○○은 누가 쏘아 죽였는가요.

답: 실미도에서 ○○○가 사살하였다고 하는 것을 제가 들었습니다.

문: 그러면 피의자는 본 난동사건에서 몇 발이나 총을 쏘았는가요?

답: 실미도에서 해안초소 부근 물속으로 도망가는 기간요원을 사살하기 위해 8발을 발사하고, 육군병력과 교전 시 송도 부근에서 약 10발 가량을 육군들에게 쏘았고, 소사 검문소에서 경찰관에게 약 15발 가량 쏘았고, 영등포구 대방동 로타리에서 경찰관

들과 교전 시 동 경찰관들에게 약 10발 가량 등 총 43발 가량을 쏘았습니다.

문: 그러면 피의자는 실미도에서 각 조장, 부조장과 다른 조원들이 난동을 일으켰다는 것을 알았을 때 어떤 생각을 가지고 가담한 것인가요?

답: 1971.8.23. 06:40분경 타워망대 동초 근무 중 총성을 듣고 내려와 난동을 일으킨 것을 알고 전일 기간요원 소대장급들로부터 혹독한 구타를 당한 보복으로 저 역시 울분한 상태에 있었으니 그 209파견대 초병이고 뭐고 할 것 없이 기간요원 전원을 사살해 버리고, 조장, 부조장들을 따라 그들과 행동을 같이 하여 중앙청이나 사령부에 가서 호소하려는 뜻을 같이 했으며, 그때부터 적극적으로 가담한 것이올시다.

문: 그 외 더 할 말 없는가요?

답: 별무합니다.

문: 이상 진술은 사실과 틀림없나요?

답: 네. 틀림없습니다.

3) 김병염

위 사람에 대한 초병살해 등 피의사건에 관하여 1971.8.31. 공군

항공의학연구원 내과 병실에서 군사법경찰관 헌병상사 이영배는 하사 전창범을 참여케 하고 다음과 같이 임상 신문하다.

문: 피의자의 본적, 주소, 성명, 생년월일, 호주와의 관계와 주민등록증 번호를 말하시오.

답: 본적 충북 옥천군 안남면 오대리 704

주소 충북 옥천읍 가화리

성명 김병염

1947.10.15생(만 23세)

호주 김병익의 제입니다.

주민등록번호 미발급입니다.

이때 조사관은 군법회의법 제231조 2항에 진술거부권이 명시되어 있음을 알린즉 피의자는 다음과 같이 대답하다.

답: 사실대로 진술하겠습니다.

문: 과거 형사처분, 기소유예 등의 처벌을 받은 사실이 있는가요?

답: 없습니다.

문: 피의자는 정당이나 사회단체에 가입한 사실이 있는가요?

답: 없습니다.

문: 훈장이나 기장 등을 받은 사실이 있는가요?

답: 없습니다.

문: 종교를 믿고 있는가요?

답: 아무런 종교를 믿지 않습니다.

문: 취미는?

답: 아무런 취미도 없습니다.

문: 기호는?

답: 불고기 백반을 좋아합니다.

문: 특기 관계는?

답: 없습니다.

문: 음주 및 끽연 정도는?

답: 막걸리 한 잔 정도 마시고, 담배는 하루 평균 한 갑 정도 피웁니다.

문: 가족 사항을 말하시오.

답: 모 이기순 55세 농업

형 김병익 33세 육군하사

매 김병희 22세

매 김병비 18세 학생

이상 본인 합하여 5명 가족입니다.

문: 재산 및 생활 정도는?

답: 본적지에 논 ○○○평과 건평 20평 초가집이 있는데, 가격은 모르겠고, 동산은 약 1만 원 정도 됩니다. 생활 정도는 하류에 속합니다.

문: 피의자의 성장과정을 말하시오.

답: 옥천읍 소재 삼양초등학교 6년을 중퇴하고 가사에 조력타가, 15세 되던 해 옥천 문화양복점에 사환으로 취직 종사타가, 17세 되던 해 무단 가출, 대전 등 객지를 떠돌아다니며 상경, 구두닦이, 껌팔이, 버스표 팔기 등의 직업을 전전타가 19세 되던 해 서울 용산 소재 아리랑 다방에 취직, 청소원으로 종사. 그 후 본가로 내려가서 농사에 종사타가 1967년 10월경 대전 대동가정사범학원 재단과에 입과, 4개월간의 소정교육을 마치고 충남체육관에서 권투를 배우다가 친구 김재수(24세)로부터 좋은 돈벌이가 있는데 가 보겠느냐는 말에 동의하고, 68년 4월 2일경 김재수의 소개로 첩보부대 대전파견대장인 박 소령을 소개받아, 그 후 4월 15일에 유격대에 입대하게 된 것입니다.

문: 피의자가 유격대에 입대하게 된 동기는?

답: 징집영장을 받고 있을 때라 어차피 군에 가야 할 처지에 있었고, 또한 대우가 특대우이며, 임무 기간 중에 600불씩 지급해

준다고 하기에 돈벌이를 할 겸 지원하게 된 것입니다.

문: 모집 당시 대우조건은?

답: 6개월간 특수훈련을 받고 임무를 수행케 되는데, 훈련 기간 중 주부식은 특별히 잘 해 주고, 월 600불씩 지급하며, 이틀에 신탄진 한 갑씩 지급하고, 외출을 자유로이 보내며 서신 왕래도 할 수 있다는 조건이었습니다.

문: 임무수행이라는 말은?

답: 확실히 이야기는 하지 않지만 김일성의 목을 베어 올 정신을 갖고 몸을 바치는 일이라고 하는 것을 보아 유격 훈련을 마치고 적지에 투입되는 것으로 느꼈습니다.

문: 그 당시 대전서 모집된 인원은?

답: 저를 비롯하여 장명기, 정기성, 박기수, 김봉용, 김기정, 이광용 등 7명이 모집되었습니다.

문: 그 후 상황을 말하시오.

답: 모집한 7명이 4.15. 유 부장 및 정 부장이라는 사람을 따라 동일 10시 대전 발 서울행 특급열차를 타고 영등포에 도착, 인천행 열차로 바꾸어 타고 동일 14:00경 인천에 도착, 점심을 먹고 역전 소재 모 여관에 투숙 1박. 다음 날 새벽에 부두에서 부대 선박으로 교육지인 실미도에 도착하였습니다.

문: 그 당시 교육을 받고자 온 사람들이 있었는가요?

답: 20여 명이 먼저 들어와 있었고 저희보다 며칠 후 3명이 더 섬으로 들어와 도합 인원 31명이 되었고, 저희들은 "배신자가 생길 경우 동료들에 의해 처형된다. 국가와 민족을 위하여 죽음으로써 이 몸을 바친다"라는 선서를 하였습니다.

문: 피교육자들의 편성은?

답: A, B, C조 등 3개조로 편성하여 A조 11명, B조 10명, C조 10명 도합 31명이었고, 각조에 조장 1명씩을 교육대장이 지명 결정했습니다.

문: 각 조의 조장은?

답: A조 조장 장정길, B조 조장 김창구, C조 조장 황철복으로 편성되었다가 중도에 여러 번 조장들이 바뀌었는데, 최종적으로 있던 조장은 A조 조장 심보길, B조 조장 장정길, C조 조장 정기성이었습니다.

문: 훈련 중 대우는?

답: 입대 후 약 2개월간 식사도 좋았고, 약속대로 이틀에 한 갑씩 신탄진 담배도 지급해 주고, 월 3,200원씩 3개월 월급도 주더니 점점 부식도 나빠지고 담배도 파고다, 백조, 금잔디, 화랑 등으로 질이 낮아졌고, 급식도 적게 주어 항상 배를 곯고 있었습니

다. 외출도 서신 왕래도 할 수 없어 후보생들이 항상 불만이 있었고, 장기간 무인도에 격리 수용하여 강훈련만 시키고 있는 데 불만을 갖게 된 것입니다.

문: 피의자도 같은 후보생들과 합세, 초병 등 부대 군인을 살해하고 민간버스를 탈취, 유한양행까지 같이 탈출하면서 군· 경· 민을 살상하는 등 난동을 자행한 사실이 있는가요?

답: 네. 그런 사실이 있습니다.

문: 난동을 모의한 시기는?

답 71.8.22. 14:00. A조 내무반에 각 조장들이 모여 집단 탈출을 모의하고, 신임할 수 있는 조원들에게 알리고 기회를 보아 탈출할 계획을 세우고 있었던 것입니다.

문: 피의자는 모의 사실을 언제 알았나요?

답: 저는 각 조장급들이 A조 내 내무반에 모여 모의할 시 현장에서 그 내용을 들었는데, 처음 A조 조장 심보길이가 여기서 죽으나 나가서 죽으나 마찬가지인데 기간요원을 습격 살해하고 탈출하여 사령부나 청와대에 가서 호소하고, 최후로 뜻이 이루어지지 않을 때에는 자폭하자고 제의하자 각 조장들은 이에 동의하고, 그 당시 A조 조원 이광용 후보생이 그럼 당장 거사하는 것이 어떠냐고 물은즉, 조장들이 지금 기간요원들이 여러 곳에 흩어

져 있기 때문에 곤란하니 내일 아침 기상하여 일조점호를 마치면서 바로 행동에 나서는데, 우선 교육대장 당번으로 있는 장성관이가 교육대장을 죽이고 실탄을 탈취하여 분배하여 갖고, 일제히 ACP, BCP, 내무반을 습격하고, 김문소 초병을 죽여 실탄을 탈취하자고 합의하고, 총지휘자로 A조 조장 심보길, C조 조장 정기성으로 정하고 행동을 개시하게 된 것입니다.

문: 모의 당시에 참석자는?

답 심보길, 박원식, 장정길, 이영수, 정기성, 박응찬, 전 균, 장명기, 이광용 등 본인 합하여 10명이 있었습니다.

문: 동 거사모의 내용은 조장들이 각 조원들에게 사전에 알렸던가요?

답: 각 조장들이 신임할 수 있는 조원들에게는 암시를 해 주고 그 외 사람들에게는 알리지 않았습니다.

문: 거사를 하게 된 직접적인 동기는?

답: 장기간 낙도에 격리 수용되어 강훈련을 시켜오며, 약속을 불이행한 데 불만을 품고 오던 중, 지난 8.20. 대무의도로 습격훈련을 나갔다가 해수욕객으로부터 4홉짜리 와룡소주 1병을 B조 조원 김창구가 얻어 수통에 넣어 내무반으로 돌아와 조장인 장정길에게 주어 각 조원들이 내무반에서 분음하고 있을 때, 교육대장 김준석 대위와 소대장들에게 발각되어 그날 밤 각 조장들이

끌려가 교육대장 이하 소대장들에게 심한 폭행을 당하는 등 기합을 받고 A조 조장은 허리를 못 쓰도록 맞은 데에 극도로 불만을 갖고 거사 계획을 세웠던 것입니다.

문: 거사 당시의 상황을 말하시오.

답: 8.23. 06:15경 일조점호를 마치고 후보생들은 내무반에 대기하면서 교육대장실에 취침 중인… 창고에 있는 망치를 들고 가서 두부를 강타… 리벌바 권총 1정과 카빈 실탄 60발을 탈취, 뒤따라간 윤석두에게 전달하고, 한편 동시에 검문소 초병인 ○○○ 목을 조르고 칼로 찔러 살해 후 총기 및 실탄을 탈취, 내무반에 돌아와 탈취한 실탄을 부조장급들이 분배 각 조원들에게는 1발씩 주어 각자 훈련 중에 지급한 카빈 소총에 장전하고, 그 외 실탄은 부조장과 조장들이 갖고 있었고, 윤석두는 … 교육대장 소유 실탄 중 몇 발을 더 갖고 있었는데, 당시 지휘자인 심보길은 내무반에서 조원 중 5명을 BCP 내무반 근처에 배치하고, 그 외 인원은 ACP 내무반에 배치시켜 동일 06:30, 심보길이가 1발을 쏘는 것을 신호로 하여 일제히 기간요원 내무반을 향해 사격을 가한 것입니다.

문: 그 당시 피의자는 어느 곳에 배치되었는가요?

답: 저는 윤석두, 김봉용, 임성빈, 이서천 등과 함께 BCP에 배치

되어 사격을 가했습니다.

문: 그 당시 상황을 말하시오.

답: BCP 내무반을 향해 일제히 사격을 가하자, 내무반에서 기간요원 3명이 뛰어나와, 2명은 윤석두가 1발씩 쏘아 명중시켜 살해했고, 초병 근무자인 하사 김용택은 윤석두가 생포하여 BCP 내무반으로 끌고 들어가 1발을 발사 살해하였고, 일행 5명은 BCP 내무반에 들어가 기간요원의 시체 5구를 확인하고, ACP 쪽으로 달려간바 기간요원이 완전 살해되고 후보생 2명이 죽은 것을 확인했습니다.

문: 내무반에서 죽은 5명의 인적사항을 확인했는가요?

답: 5구의 시체만 확인하고 기간요원이 전멸한 것으로 알았을 뿐, 그 당시 누구누구였는지는 몰랐습니다.

문: 살해된 기간요원들은 경비 근무자인가요?

답: 초소 야간 경비 근무자들입니다.

문: 그 후 상황을 말하시오.

답: BCP에서 ACP내무반으로 달려갔는데, 수류탄 터지는 소리가 들려 밖으로 나오니 통신실이 폭파되어 있었고, 우리 후보생들은 ACP와 BCP 중간 앞마당에 모여 심보길이가 인원 파악을 했는데, 현장에서 죽은 2명을 제외하고 22명이 있었습니다.

그 당시 ACP 내무반과 붙어 있는 무기고에서 탈취한 SMG 기관단총 1정, 수류탄 7~8개, 카빈 실탄 약 4,000발이 땅 바닥에 놓여 있었는데, 지휘관인 심보길이가 각자 100여 발씩 카빈 실탄을 소지하라고 하여, 우리들은 100여 발씩 각자 지참하고, 수류탄은 조장 및 부조장이 1발씩 그 외 조원이 갖고 있었으며, 교육대장용 리벌바 권총은 정기성이, 45구경 권총 3정 중 심보길, 장정길, 장성관이가 각기 1정씩 휴대하였으며, TNT 3개(100파운드 짜리)는 윤석두가 소지하고 있었습니다. 그리고 각자 내무반에서 위장복으로 환착하고, 장정길, 전영관, 박기수, 박원식, 정기성 등 5명이 무의도로 선박을 수배하러 갔고, 조원들은 지휘자 심보길 지시에 의거, 통신실 옆 창고에서 비상식량(건빵) 2박스를 꺼내와서 대기 중, 동일 08:45경 배를 수배하러 간 사람이 돌아와 선박을 대기시켰다고 보고, 심보길이 조원들을 인솔, 1리 홍덕호에 승선, 심보길이가 인천부두로 가자고 했더니 기름도 떨어지고 사람도 너무 많이 타서 위험해 못 가니 다른 배를 잡아 갈아타고 가라고 하여, 약 15분 항해 중 고기잡이 중선배를 만나 옮겨 타고, 지휘자인 심보길이가 지금 작전 중이니 송도까지 가자고 하면서 돈을 주겠다고 말하여 선장은 이를 거부하지 않고 송도 앞 해안까지 간 것입니다.

문: 어디서 하선했는가요?

답: 송도 해상 약 1.5km 지점 갯벌에서 간조 때라 배가 더 육지로 닿지 못하고, 그곳에서 내려 약 1시간 동안 갯벌로 걸어 나와 채석장 부근으로 상륙했습니다.

문: 그 당시 각자 100여 발씩 소지한 카빈 실탄 외 더 갖고 온 실탄은?

답: 1,700여 발이 들어 있는 실탄 박스 1케이스 갖고 있었고, SMG 1정은 힘이 좋은 사람이 교대로 메고 나왔습니다.

문: 송도에 상륙 후 처음 버스를 탈취, 승차했을 당시까지의 상황을 말하시오.

답: 채석장 부근으로 상륙하여 지휘자인 심보길이가 인원 점검하고, 웅덩이에서 갯벌에 묻은 흙을 닦고 출발하려 할 시, 육군 일병인 초병이 와서 '어디서 왔습니까' 하고 묻는 것을 정기성이가 위장복에 붙어 있는 중앙유격사령부 684부대 마크를 보이며, '이것을 보면 모르냐'고 우격다짐을 한바, 그 초병은 돌아갔으며, 우리들은 도로 쪽을 향해 1열 종대 3보 간격으로 행군하여 도로변으로 나오던 중, 마을 한 곳을 벗어나 야산에서 떡장수를 만나 떡 한 목판을 전부 사서 동소에 앉아 먹고 있으면서 정은성, 이광용, 김봉용, 박기수 등 4명은 떡을 갖고 가서 사주경계를 하고 있었고, C조 조장 정기성 지시에 의거, 현지 숲속에 LMG 1정을 은닉시키고 있는데, 경계자로부터 군인들이 완전무장하여 도로

및 논둑으로 온다고 보고하자, 우리들은 여벌로 갖고 온 실탄 케이스 1박스도 숲속에 감추어 놓고 도로변으로 걸어 나와 때마침 인천 시내로 들어가는 시외 완행버스를 장성관이가 공포 1발을 발사 정지시키고, 전원 승차하여 약 30~40미터 전진했을 때 갑자기 총성이 나면서 밖에 양쪽에서 매복하고 있던 군인들이 엎드려 우리 버스를 향해 총을 쏴 왔고, 버스 앞에 타고 있던 후보생들도 밖에다 대고 응사를 했는데, 당시 저는 버스 내 뒷좌석에 앉아 있다가 어차피 죽을 몸 빨리 죽어야겠다는 생각으로 소지하고 있던 카빈 소총구를 복부에 대고 방아쇠를 당겨 1발을 발사했는데, 재차 한 번 방아쇠를 더 당기려고 했지만 기력과 정신을 잃고 그만 그 자리에 쓰러진 후 정신을 잃었습니다.

문: 버스를 탔을 때 승객이 몇 사람이나 있었는가요?

답: 약 10명 승차하고 있었습니다.

문: 피의자는 군인들과 교전 시 응사하지 않았는가요?

답: 저는 쏘지 않았습니다.

문: 그 후 어떻게 되었는가요?

답: 깨어 보니 병원 침상이었고, 기자들이 몰려와 저에게 질문하는 것을 묵비했습니다.

문: 그 후 상황을 어떻게 됐는지 알고 있는가요?

답: 전연 모르고 있다가 오늘로서 같이 입원하고 있는 김창구가 조사관에 진술하므로 듣고 경찰관을 살해하고 버스로 갈아탔으며, 동료들이 자폭하면서 승차했던 민간인들이 희생당하였다는 사실을 알았습니다.

문: 후보생 31명 중 24명이 거사하였다고 하는데 결여 인원 7명은 어떻게 됐는가요?

답: 68.8경 후보생 이부웅, 신현준 등 2명이 대무의도로 야간훈련을 나갔다가 술을 마시고 대열에서 이탈, 대무의도에서 자고 있는 것을 동료들이 가서 잡아 와 군기를 와해시키고 동료를 배신하였다고 지적, 연병장에 결박하여 후보생들이 아까시아 나무 몽둥이 등을 들고 교대로 구타 살해하여 일단 매장했다가 나중에 화장처리했고, 69.8.22. 수영 훈련 중 조석구는 익사, 70.8경 대무의도로 사역 나간 윤태산은 기간요원 ○○○에게 술을 사 달라고 구타를 가한 사실이 드러나 동료들끼리 이런 새끼는 적지에 가서도 임무수행을 못하고 국가를 팔아먹을 놈이라고 단정, 사형에 처하자고 합의. 연병장에 묶어 놓고 후보생 전원이 몽둥이를 들고 마구 때려죽인 후 화장 처리했고, 70.10. 말경 황철복, 강찬주, 강신옥 등 3명은 카빈 소총 3정, 모의 수류탄 1개, 수소탄 2개, 도화선 등을 소지하고 부대를 무단이탈, 대무의도에

가서 2리 소재 초등학교 숙직실에서 처녀 2명을 능욕하고 수류탄으로 자폭하려 했으나 모의탄이었으므로 식칼로 자결을 기도하였다가 현장에서 이송 중 황철복은 사망하고 강신옥은 교육대에 와서 치료 후 심한 복부 자상으로 2일 후 사망하고, 발목에 자상을 입고 있던 강찬주는 약 5일 후 … 대검으로 찌르고. … 바위로 쳐서 죽인 다음 화장 처리함으로써 교육 훈련 중 7명이 사망하고, 거사 당일까지 24명이 남아 있었습니다.

문: 피의자 등은 다른 방법으로 실정을 호소할 길이 없었는가요?

답: 섬에 갇혀 있어 누구에게 호소할 길이 없었습니다.

문: 연이면 육지에 상륙하여 1차로 군인들로부터 사격을 받았을 시 아군이라는 점을 알리고 자수하여 나왔다면 이러한 소란을 피우지 않았을 텐데 맞서서 싸운 이유는?

답: 섬에서 기간요원 중 1명이 도주하여 생존하였음을 안 우리들은 그 사람이 본부에 연락하여 사령부로부터 나온 군인들로 알고 맞서 싸웠던 것입니다.

문: 처음 버스를 타고 어디로 가려고 했는가요?

답: 인천시청이나 사람이 많이 모인 곳으로 가서 우리들의 실정을 읍소하고 나서 자폭하려 했습니다.

문: 호소하려는 내용은?

답: 3년 4개월 간 낙도에 수용시켜 강훈련만 시키고, 외출·서신 왕래도 없이 감금시켜 교육하는 부대가 대한민국에 있느냐는 것을 호소하려 했던 것입니다.

문: 단체 외출을 한 번 하여 여성 접촉을 시켰다는데 사실인가요?

답: 네. 후보생 중 18명이 1회 3명씩 6회에 걸쳐 인천에 나가 여자 접촉을 하고 왔는데 저는 못 나갔습니다.

문: 언제쯤인가요?

답: 71년 2월~5월 지간에 1개월에 6명씩 3개에 걸쳐 18명이 나갔다가 왔습니다.

문: 피의자는 왜 못 나갔는가요?

답: 저는 …(확인 안 됨) 기합을 받을 때 폭행을 당하고 고막이 터져 미 육군 121병원에 통원치료를 받으러 다녔기 때문에 빠졌습니다.

문: 훈련 중 폭행을 자주 당하는가요.

답: 전 후보생이 훈련을 잘못 받을 때는 기합을 주는데, 의례 기합 받을 때는 빳다와 주먹, 발길질 등 수없이 폭행을 당하여 후보생 거의 다 골병이 들었습니다.

문: 이상 진술한 내용이 사실과 틀림없는가요?

답: 네. 틀림없습니다.

문: 지금 피의자의 심경은?

답: 제가 어마어마한 죄를 저지르고 자결을 기도했는데 죽지 않고 살아 무엇이라고 말을 해야 좋을지 모르며, 앞으로 여하한 처벌도 달게 받겠습니다.

4) 김창구

위 사람에 대한 초병살해 등 피의사건에 관하여 1971.8.31. 공군항공의학연구원 내과 병동에서 군사법경찰관 헌병 준위 한태빈은 동 헌병 전창범을 참여케 하고 다음과 같이 임상 신문하다.

문: 피의자의 본적, 주소, 직업, 성명, 생년월일, 호주와의 관계, 주민등록증 번호 등을 말하시오.

답: 본적 충북 청주시 남문로 1가 115-6

주소 상동

직업 무직

성명 김창구

생년월일 1933.10.14 생(38세)

호주 김창구로서 본인입니다. 그리고 주민등록증을 발급받지 못하였습니다.

이때 피의사건을 고하고 신문에 대하여 진술거부권이 있음을 알린 즉 피의자는 다음과 같이 대답하다.

답: 신문에 따라 사실대로 말하겠습니다.

문: 과거 형사처분, 기소유예 또는 훈방 등을 받은 사실이 있는가요?

답: 전연 그런 사실 없습니다.

문: 피의자는 정당이나 사회단체에 가입했던 사실이 있는가요?

답: 그런 사실 없습니다.

문: 학력 및 경력을 말하시오.

답: 저는 본적지에서 출생하여 8세 때 청주 석교국민학교에 입학, 동 교 4년에 중퇴하고, 가사에 종사하다가 17세 시 제일소녀곡예단에 입단, 단원기도(지도) 맡아서 하다가 쇼단 등 17여 년 동안 따라다니다가 1968.4.13. 중앙유격사령부 684특공교육대에 들어가 현재에 이르고 있습니다.

문: 병역 관계는 여하.

답: 1958.1.19. 병역 기피자로 피검되어 용산경찰서에 연행, 2일간 수감 대기하였다가 1958.1.20. 논산훈련소에 입대하여 48일간 신병훈련을 받고, 육군 제1106 야전공병단 605 경장비중대로

배속 근무타가 1961.4.4. 병장으로 만기제대하였습니다.

문: 가족관계는 여하.

답: 본인이 첫돌 때 어머니가 돌아가시고 14세 시 아버지(김희문. 당시 54세)마저 돌아가시고, 누님 두 분 모두 출가하고 현재 본인밖에 없습니다.

문: 재산 및 생활 정도는 여하.

답: 저 홀로 몸이기 때문에 재산도 전연 없습니다.

문: 훈·기장 등을 받은 적 있는가요?

답: 없습니다.

문: 현재 건강 상태는 어떠한가요?

답: 보다시피 난동 당시 부상을 입고 입원 중에 있습니다.

문: 피의자가 유격사령부 684 특공교육대에 입대하게 된 경위를 말하시오.

답: 1968.4. 초순경, 임성빈의 권유에 의해 이서천 등 본인 공히 복적교 너머에 있는 평안여관으로 가서 박 부장이란 사람을 만나 그로부터 자기가 이끄는 곳에서 6개월간만 훈련을 받으면 미군부대에 취직을 시켜 준다고 하며, 또한 사회에 나오면 희망하는 대로 해 준다고 하기에 당시만 하드라도 별 직업도 없었고 해서 그대로 가기로 결심하고 약 15일간 대전 정동에 있는 국일하숙집에서 요원 모집 될 때까지 그가 모든 경비를 다 대 주고 소

일하다가, 동년 4.14경 열차 편으로 박 부장, 하 부장이란 분을 따라 서울역까지 와서 다시 서울역에서 인천 가는 열차를 타고 인천에 도착, 인천 모처 모 여관에서 하룻밤을 지내고 4.15 아침 배편으로 실미도 섬에 도착한즉, 그곳에는 교육대장 ○○○, 송 중위, 백 소위, 김○○ 소위, 이○○ 소위, 기타 기간요원 5명 정도이고 저희들과 같은 사람들이 4~5명 있었습니다.

문: 대전에서 같이 출발한 일행은 누구누구였는가요?

답: 이서천, 박응찬, 임성빈, 임기태, 전영관, 조석구, 김용환 등이었습니다.

문: 대우 관계에 대해서 말하시오.

답: 당시 대전에 있던 박 부장, 하 부장들로부터 말을 듣기에는 대한민국 군대에서는 볼 수 없는 대우를 받을 것이고, 침식도 좋고, 밖에서 뛰는 훈련이고, 텔레비전으로 교육을 받고, 하루 한 끼에 400원씩의 주부식으로 식사를 제공하며, 담배는 신탄진으로서 이틀에 한 갑을 주는 등의 대우를 해 주며, 섬 도착 후에 면담 때 장교후보생들이 되었다고 했습니다. 대우 관계는 대략 이런 것이었습니다.

문: 선서는 언제 하였는가요?

답: 어떤 영문인지는 모르겠으나 부대에서 68.5.1로 선서한 것으

로 되어 있다는 말을 들었는데, 실지 선서하기는 68.5.10. 사령관 전봉선 준장(당시 직속상관 관등 성명 교육 시 육군 준장이라고 하였음) 이하 박 부장, 하 부장 등 기간요원들이 모인 가운데 이부웅(당시 선두에서 대표자로 선서) 이하 30명이 사령관 앞에서 선서하였습니다.

문: 어떤 선서를 하였는가요?

답: 선서 내용은 헌신 불구할 것이며, 훈련 중 동료 중 한 사람의 잘못이 있으면 동료들끼리 처리하며 죽음으로써 이 몸을 바친다는 내용이었습니다.

문: 당시 부대장은 누구인가요?

답: 김호 중령이었습니다.

문: 피의자 등 일행을 부대에서 무엇이라고 부르는가요?

답: 피교육자 또는 후보생이라고 불렀습니다.

문: 피의자는 같은 피교육자 등과 합세, 부대 군인들을 살해하고 민간버스를 탈취, 유한양행 앞까지 집단 침입하면서 군, 경, 민간인 등을 살해하는 등 난동을 자행한 사실이 있는가요?

답: 네. 그런 사실이 있습니다.

문: 살해한 군인들은 무엇 하는 군인들인가요?

답: 경비요원으로 파견된 군인들인데 주로 초소 근무를 위해 나

와 있던 군인들이었습니다.

문: 사전에 초병들을 살해, 부대를 탈출하게 된 동기를 말하시오.

답: 저는 난동 부리던 날 아침 06:00에 기상, 침구 정돈을 하고 점호를 받고 통제본부 초소 근무로 무기를 휴대하고, 초소 부근에서 용변을 보고 동 초소에 임하여 경계근무를 하고 있으려니까, 그날 06:30경 총소리가 나기 때문에 이상히 여겨 연병장 막사 있는 쪽을 보니, 군인들이 하나 둘 제 동료들의 총에 맞아 쓰러지는 것을 보고, 그때 비로소 난동사고가 있었던 것을 알게 되어, 이젠 다 됐다 싶어 제가 휴대하였던 M1소총(사용불능)을 그곳에다 버리고, 도강 훈련장에 은폐하고 있으려니까 본인과 같은 조원이던 B조원 김기정이가 와서 본인의 고유번호 3번을 부르며 "이젠 일을 다 치렀으니까 가자"고 하여, 김기정과 같이 부대에 들어와 본즉 부대에 있던 군인들은 모두 총에 맞아 살해되어 있고, 깨끗하게 일을 치르고 난 뒤였습니다.

그런데 그 발단은 난동 이틀 전 날 주간훈련 나갔다가 무의2도에서 본인은 다리를 다친 적이 있어 심한 훈련에서 늘 열외가 되어 그날도 열외되어 집결지로 먼저 가 있으라는 지시를 받고, 그곳에서 잠시 쉬었다가 가기 위해 쉬고 있는데, 그 동리 젊은 친구가 술 한 병을 주겠다고 하므로 그렇게 하라고 하였더니 소주

4홉 한 병을 갖다 주기에 그 술을 수통에 넣어 부대로 가지고 와서 그날 저녁 8시 반에 점호를 받고 저희 조장 장정길에게 주었더니, 조장이 부조장과 조원 몇몇이 내무반에서 나눠 마시다가 교육대장에게 발각되어 그 일로 그날 밤 전체가 기합을 받게 되었는데, 저희들은 빤쯔 바람에 연병장에 집합하여 각 소대장들로부터 대장의 지시에 의해 수권으로 각자 양쪽 어깨에 10여 회 맞고 난 다음, 다시 야구 빳다로 엎드려 뻗쳐 된 채 엉덩이에 열 대씩 두들겨 맞고 나서, 각 조장들끼리 당초 약속하였던 일과 전연 틀리고 현재까지 속아 왔고, 여기에 있다가는 매밖에 돌아올 것이라 그간의 불만이 그날 밤에 있었던 기합으로 폭발되어 난동하기로 합의를 보지 않았나 생각됩니다.

문: 연이면 피의자는 난동에 대한 사전 전달 또는 지시를 받았나요?

답: 본인은 난동 일주일 전까지 취사반 근무를 하였는데, 취사반을 근무하다가 보니 기간요원들과 접촉이 제일 많았었는데, 그래서인지 본인은 실지 사전에 전달받거나 한 일이 없고, 전자에도 말씀드렸지만 초소 근무 중에 알게 되어 이에 합세하게 되었던 것입니다.

문: 난동 당시 부대 내에 있던 초병들을 살해하고 탈출하였다고 하는데, 그 사항에 대해 자세히 말하시오.

답: 아까도 말씀드렸습니다만 제가 통제본부 초소 근무와 도강훈련장에서 은폐하고 있는 사이에 저희 일행들이 부대 내에 있던 초병들을 전원 살해하고 난 뒤였기 때문에, 저도 일행과 같이 행동하기 위해 우선 ACP 앞에서 초병들이 버린 카빈 1정과 30발 들이 탄창 1개와 15발 들이 탄창 1개를 주워 가지고, 총에 장전하고 저희 일행들이 난동 시에 훔쳐 낸 괴뢰군 칼(단도) 1개도 주워 가지고 난 다음, 각 조장들의 지시에 의해 위장복으로 갈아입으라고 해서 각기 내무반으로 가서 위장복을 갈아입고 완전무장 상태로 통제본부 초소 부근 산꼭대기에서 대기하면서 훔쳐 낸 건빵을 갈라 먹고, 약 30~40분 있으니까 정기성, 박기수, 전영관, 장정길 등이 배를 잡아 가지고 와서 그 배에 전원이 승선, 그 배가 기름이 없어 못 간다고 하여 좀 오다가 큰 고깃배를 만나 갈아타고, 송도 채석장 부근에 상륙, 실미도 섬을 탈출하게 되었던 것입니다.

문: 탈출 목적은 무엇인가요?

답: 마지막 배에 갈아탔을 때 저희들은 배 밑창(고기 넣어 두는 곳)에 있고, 조장급들은 갑판 위에 있었는데, 그때 동료들에게 물어봤습니다. "우리들은 어떻게 되는 것이냐"고 하였더니, 그 내용을 아는 사람이 우리들은 중앙청 광장이나 시청 광장에 가서 휴대한 무기들을 땅에 놓고 수류탄만을 가지고 그곳에서 우리가

뜻한 바대로 큰소리를 지르면 사람들이 모이게 되면 가까이 오지 못하게 하고, 저희들이 당한 억울한 사정을 세상에 폭로하고, 후배들에게 그러한 일을 당하지 않게끔 해 놓고 그 자리에서 자폭하기로 하였다는 것입니다.

문: 난동 당시 부대 통신소를 폭파하였다고 하는데 여하.

답: 초병 둘을 살해하고 나서 전영관이가 수류탄으로 통신소 창문에 까 넣어 보급창고에 있던 수류탄, 실탄 들이 터짐과 동시…. (이하 없음)

답: 저희들이 두 번째 탔던 배가 당시 만조 시간이었기 때문에 육지에 배를 대지 못하고, 육지와 약 1키로 반 되는 해상에서 하선(당시 무릎까지 물에 잠겼음), 송도 채석장 부근에 상륙, 그 부근 육군 초소에서 초병으로부터 "무엇 하는 사람들이냐"고 물었습니다. 그때 C조장 정기성이가 "훈련 중인데 보면 모르느냐"고 하였더니 아무 말 없이 통과시켰습니다. 그 부근 웅덩이에서 흙을 깨끗이 씻고 걸어오다가 떡을 사 먹고 큰 도로 가에 나와 지나가는 버스를 세우기 위해 장성관이가 공포를 쏘아 버스를 세워 전원이 타고 인천으로 나가는 도중 도로변에서 7, 8명의 육군 군인들로부터 사격을 받아 A조장 심보길이가 맞아 쓰러지면서 같이 그들과 교전을 하게 되었습니다. 그러면서 버스는 전진하다가

포전하였던 군인들을 훨씬 지나서 버스 타이어가 빵구 나는 바람에 도중에 차가 서게 됐습니다.

그러다가 앞에서 오는 버스를 타기 위해 그냥 세우면 서지 않을 것 같아 운전수에게 위협을 주기 위해 공중에다 대고 2발을 난사하였더니 차가 섰습니다. 전원 차에 올라타서 인원 점검을 해보니 그때 육군들의 총에 맞아 쓰러진 동료가 심보길, 전영관 그 외 2명인데, 이름은 잘 기억이 나지 않는데 4명이 없었고, 그 이전 부대 내에서 부대 초병들에 의해 죽어 있었기 때문에 점검 결과 18명이었는데, 그리고 운전수에게 서울 중앙청이나 시청 중 가까운 곳으로 가자, 가는 도중 차를 다른 곳으로 가든지 아니면 쑤셔 박고 해서 못 가게 하면 재미없다고 하면서 정은성이가 위협하며 운전수 옆에 앉아 서울 쪽으로 가도록 운전수를 계속 주시하면서 서울로 가기 위해 나오다가, 아무리 생각해도 운전수가 딴 곳으로 가면 우리들의 뜻이 헛되이 될 우려가 있어 도중에 장정길이가 운전수를 비키게 하고 자기가 운전하다가 서툴러서, 조금 하다가 다시 운전수에게 운전대를 잡도록 하고 서울 쪽으로 진입하여 오는 중, 어디서 어떻게 알았는지 부평 조금 지나서부터 싸이드카 경찰이 따라오면서 계속 추적해 오므로 어느 지점인지 생각나니 않으나 … 한 발에 명중시켜 현장에서 죽이고,

얼마 되지 않아서 소사 검문소에서인가 검문 순경을 누구인가가 쏘아 현장에서 쓰러지는 것을 총성이 들리고 난 다음에 알게 되었습니다. 그리고 별로 검문도 없이 달려 오다가 영등포 거의 다 들어와서 어떤 방직공장 부근 노상에 이르렀을 무렵, 운전수가 겁에 질려 창문으로 떨어져 피신하게 되자 다시 장정길이가 운전대를 잡고 계속 서울을 향하여 오던 중 영등포 다 들어와 어떤 삼거리에 이르러 로터리 복판에서 어떤 장교가 지휘하고 군인인지 경찰인지 알 수 없으나 전투 병력들이 엎드려서 포진하고 저희가 타고 오던 차를 기다렸든지 저희들이 탄 버스가 달려가자 저희들을 향해 일제사격을 했습니다. 그래서 우리 일행 전원이 이에 응사하며 앞으로 전진, 이 지점을 통과 얼마 못 가서 장정길이가 머리를 핸들 깊숙이 수그리고 운전하는 바람에 유한양행(자폭 지점) 앞에서 버스가 앞으로 쏠리면서 가로수를 들이받으며 정차되어 기히 포위한 군, 경과 대치 응사하다가 거의 다 쓰러지고 몇 명 남지 않게 되자, 저는 그들이 쏘는 총탄에 팔과 다리에 관통상을 입고 있었는데, 동료들이 자폭하기 위해 수류탄이 터지면서 본인도 양쪽 다리에 파편에 맞아 정신없이 쓰러져 있다가 버스 내를 돌아다보니 동료들이 거의 다 죽어 있는 것을 보고, 나도 살아서 무엇 하느냐 하고 가지고 있던 단도로 죽으려고 양쪽 가슴 심장 부분을 찌르고 쓰러져 있다가 현장에 출동한 군인들에게 잡혀 그들의 부축으로 병원으로 옮겨졌습니다.

문: 당시 동 버스 내에 탑승하였던 민간인들은 몇 명이며 생존자는 몇 명이나 되었던가요?

답: 당시 남녀 합해서 10여 명이었는데, 당시 본인도 상처를 많이 입고 정신없었기 때문에 자세히 모르겠으나, 당시 상황으로 보아 더러 죽거나 많은 부상을 당한 것으로 압니다.

문: 피의자 등 일행이 탈취하였던 버스가 어느 정도 파손되었는가요?

답: 올 때부터 유리창이 많이 깨져 있었고, 수류탄이 터지는 바람에 밑창에 많은 파손이 있을 것으로 알고 자세한 파손 상황은 잘 모르겠습니다.

문: 선서 당시 피교육자가 31명이었는데, 난동 당시 24명밖에 없었다고 하는데 나머지 7명은 사고가 있었는가요?

답: 그런 것이 아니라 훈련 중에 사고를 내고 모두 죽었습니다. 68.7.10. 본인이 훈련 중 다리를 다쳐 미군 병원에 입원 치료 받다가 퇴원을 하던 날인데, 이날 이부웅, 신현준 등 2명이 탈출하였다가 무의2리 민가에 숨어 있다가 잡혀 전자에서 선서한 것과 마찬가지로 저희들 동료 손에 아까시아로 만든 몽둥이로 맞아 죽었고, 69.8.22경 조석구가 수영 훈련하다가 무장한 채로 물에

빠져 죽었습니다. 그런데 그때도 조석구는 힘에 겨워 물속에서 들어갔다가 나왔다가 하는데, 당시 소대장이던 ○○○(지워짐)가 몽둥이로 때려죽이겠다고 고함치자 그만 물속에서 꼴깍꼴깍 하다가 죽고 말았습니다.

70.8경 윤태산은 기간요원 ○○○(지워짐)에게 권총으로 위협하였다는 이유로 동료들 손에 몽둥이로 맞아 죽었고, 그해 10월경 강찬주, 강신옥, 황철복 3명이 탈출, 무의학교 숙직실에서 처녀 2명을 윤간하였다가 동료들 손에 잡히게 되자 강찬주가 강신옥, 황철복의 배를 찌르고 자신은 목을 찔러 죽으려고 하였으나, 강신옥과 황철복은 심한 상처로 죽고, 강찬주만 살았는데 내무반에서 치료를 해 주다가 교육대장의 지시로…(확인 안 됨) 대검으로 쑤셔 죽였습니다.

문: 그 시체를 어떻게 처리하였는가요?

답: 물에 빠져 죽은 조석구 시체는 장례식을 부대에서 치르고 묘지를 만들었고, 이부웅과 신현준 등은 일단 땅 속에 묻었다가 윤태산 화장 시 끄집어내어 같이 화장하여 물에 버리고, 나머지 강찬주, 강신옥, 황철복 등도 화장, 역시 바다에 버렸습니다.

문: 동료들이 때려죽였다는데 그 방법은?

답: 몽둥이로 한 사람 앞으로 약 20대씩 때리는데 죽을 때까지

때립니다.

문: 때려죽이는 것은 동료들 스스로가 죽이는가요?

답: 그때그때마다 상사의 지시로 처치합니다.

문: 초병들을 살해하지 않고서는 탈출을 할 수가 없었는가요?

답: 살해하지 않고는 도저히 부대를 빠져 나올 수가 없었습니다.

문: 연이면 초병을 몇 명이나 살해하였는가요?

답: 저는 초소 근무를 서 있는 사이에 동료들이 초병들을 살해했는데, 확실한 숫자는 모릅니다만 약 15명 정도로 알고 있습니다.

문: 당시 경비요원이 몇 명이나 있었는가요?

답: 제가 알기에는 교육대장을 비롯해서 20여 명 될 것으로 알고 있습니다.

문: 피의자가 동료들과 합세하여 난동을 진행한데 대하여 현재 심정은 어떠한가요?

답: 저희들이 저지른 일에 대하여 온 국민을 놀라게 하고, 저희들의 죄를 용서받을 수 없는 것으로서 어떠한 처벌이라도 달게 받을 각오가 서 있습니다.

문: 교육기간 중 불만은 무엇이었던가요?

답: 당초 모집될 시 6개월만 훈련을 받으면 소원대로 해 주겠다고 약속하고, 4년이 가깝도록 아무런 대책이 없었고, 서신 왕래

는 물론 외출, 휴가 한 번 없었으며, 대우관계에 있어서 어긋난 데다가 사람답게 취급을 못 받아 오다가, 술 한 잔 먹었다고 해서 심한 매질 등에 불만을 품어 왔던 것입니다.

문: 교육기간 중에 피의자의 동료들이 배가 고팠다고 하는데 사실인가요?

답: 밥을 조금 주기 때문에 상당히 배를 곯고 있었던 것만은 사실입니다.

문: 왜 배가 고픕니까?

답: 쌀을 조금씩 주기 때문에 그러했습니다.

문: 본 건에 대하여 참고사항이 있는가요?

답: 별로 참고 될 말이 없습니다만, 그런데 이것은 참고가 될까 싶어 말씀드리는데, 금년 3월서부터 3명씩 짝을 지어 성교를 단 한 번씩 시켜 주었는데, 저는 그때 사령부에서 그런 데까지 신경 쓸 새가 없다고 하면서 다음 달에 시켜 준다고 하여 그것마저도 못하였는데, 나와 같이 못한 동료가 6명이었습니다.

문: 이상 진술한 내용은 허위가 없는가요?

답: 진실 그대로를 전부 말씀 드렸습니다.

2. 사형집행 관련 문서

1971년이 끝나가던 12월 30일, 공작원 4명의 상고 포기로 사형이 확정되고, 1972년 새해 벽두인 1월 28일에 공군은 국방부에 사형 집행 상신문을 올린다. 한 달여의 시간이 지난 1972년 3월 6일에 국방부 장관의 사형 집행 명령서가 떨어지고 바로 사형이 집행되었다. 1972년 3월 10일. 개나리꽃이 막 봉우리를 터뜨리고 있었다. 생존 공작원 4명을 불법·탈법적으로 처형하고 암매장한 공군·국방부의 문서이다.

□ 판결문

공군본부 보통군법회의 판결
사건번호: 71보군형 제45호 초병살해
4명 이름: 임성빈, 이서천, 김병염, 김창구
검찰관: 송인준
변호인: 여운성(국선)
주문: 피고인 전원을 사형에 처한다.
이유(범죄사실): 피고인 등은…
(법률적용): 군형법 제59조 1항, 형법 제30조에 해당. "치밀한 계획 아래에 집단으로 궐기하여 초병살해 등의 행위를 자행한 것으로서, 본건 범행 그 자체로 보거나 일반인의 심리에 미친 영향을 고려해 보거나 간에 용납될 수 없는 중대한 범죄라고 사료되므로 소정형 중 사형을 선택하여 피고인 전원에게 이를 과하기로 한다.
재판장 공군대령 김경태, 심판관 공군대령 정진태, 심판관 공군대령 이창수, 심판관 공군중령 김원기, 법무사 공군중위 동상홍

□ 사형집행 명령서

사형수 성명: 임성빈, 이서천, 김병염, 김창구
본적: 각인 기록
생년월일: 각인 기록
죄명: 초병살해 등
구신일자: 1972년 1월 28일
공본 고검 제 25-1호
구신청: 공군고등군법회의 관할관
상기 사형수는 판결대로 사형집행을 명령함
1972년 3월 6일
국방부 장관(직인)

□ 사형집행 조서

본적:
신분: 민간인
계급:
성명: 임성빈, 이서천, 김병염, 김창구
생년월일:
죄명: 초병살해 등
위 사람에 대하여 1971. 12. 21 공군 고등군법회의에서 사형이 선고되어 12. 29형이 확정되어 1972. 3. 6. 국방부장관으로부터 형의 집행명령이 떨어졌으므로 1972. 3. 10 참모총장이 지정 서울특별시 영등포구 오류동 소재 공군 제7069부대 후면에서

1) 공군고등군법회의 검찰부 검찰관 김중권
2) 공군고등군법회의 검찰부 검찰서기 ○○○
3) 항공의학 연구원 군의관 ○○○
4) 공군본부 군종감실 군종장교(목사) ○○○
5) 공군 제8020부대 교도소 소장 ○○○

이상 5명을 참여케 하고 다음과 같이 집행하다.
공군 고등군법회의 검찰부 검찰관 대위 김중권은 수형자를 확인한 후 확정판결에 의하여 사형을 개시할 것을 알린 즉 집행장교 ○○○ 현장에서 총살의 방법으로 집행하다. 군의관은 총살 절명 후 확인하다.
위 집행은 1972.3.10. 10:45에 시작하여 11:25에 끝나다.
참관인 5인의 이름과 서명

3. 형장의 유언

사형수 4명은 1972년 3월 10일 오전 11시 25분, 다음과 같은 유언을 남기고 공군 2325부대 사격장에서 형장의 이슬로 사라졌다.

□ 임성빈

너무나도 억울합니다.

검찰관님 너무나도 억울합니다.

제가 하고 싶다는 말은 국가와 민족을 위해 싸웠습니다.

만 3년 6개월 동안 추우나 더우나 쌓은 공든 탑이 무너지는 것이 아까우며, 후배나 동료를 위해 못다 하고, 김일성의 목을 베지 못하고 죽는 것을 유감으로 생각합니다.

□ 이서천

동해물과 백두산이 마르고 닳도록… (애국가를 부르다)

대한독립만세 (만세 삼창하다)

국가를 위해 싸우지 못하고 손가락질을 받으며 죽는 게 억울합니다.

김일성이를 죽이지 못하고 가는 게 한입니다.

ㅁ 김병염

저는 다른 대원들과는 다릅니다.

제가 입교한 것은 1·21사태를 겪고 나서 우리나라는 왜 쟤네들(북괴)처럼 그런 기관이 없을까 하고 생각 중 정보부에 있다는 부장이라는 자에게 말을 듣고 입교했습니다.

살아생전 국가에 대해 일도 못하고 죽어가는 게 아깝습니다.

제가 죽더라도 집에 알리지 말아 주십시오.

ㅁ 김창구

애들 3남매가 제일 불쌍합니다.

보고 싶습니다.

죽더라도 한이 없습니다.

맺는 말

한반도 현대사는 곧 한반도 분단사이다. 동족을 서로 죽고 죽이는 전쟁을 치른 한반도. 70여 년간 전쟁 상태가 지속되고 있고, 아직도 '누구를 위한 전쟁'이었는지 정리가 안 되는 한반도. 내 주변엔 부모님을 비롯하여 분단 상태에서 늘 불안한 삶을 살아내야 했던 사람들로 가득하다. 월남 후 해병대 3기로 입대해 맥아더가 주도하는 인천상륙작전에 참전했던 아버지는 임종 시, 전쟁터에서 눈앞의 인민군 낙오병을 마주쳤는데 마치 이북에 두고 온 어린 남동생 같아 차마 총을 쏘지 못했노라고 말씀하셨다. 고향을 떠나오던 날 흰저고리에 검은 치마를 입으신 할머님이 기차가 사라질 때까지 손수건을 흔드셨다고 평소 말씀하시던 아버지. 악화되는 병세 속에서 고향에 한 번 가보고 싶다고 눈물짓던 아버지. 하늘나라에서는 할머님과 재회했을까?

'실미도 사건'은 한국전쟁의 연장선, 즉 정전협정 체결 이후 한반도의 남과 북이 무력을 동원하여 폭력적 체제 경쟁을 추구하는

가운데 발생한 참사였다. "국가란 무엇인가? 왜 존재하는가?"라는 질문에 대한 대답은 명확하다. 국가는 국민 개개인의 생명을 보호하고 인간으로서의 존엄성을 존중하고 보호하기 위해 존재한다. 그런데 '1·21사태'와 이에 대한 보복 응징 대책 실패작인 '실미도 사건'은 '샴쌍둥이'인 남북의 호전적 정권 안보 세력들이 펼친 적대적 무력 정책이 국가의 존재 이유를 망각한 채, 어떻게 국가 구성원들의 삶을 뒤틀리게 만드는가를 대표적으로 보여주고 있다. 많은 유사사건에서 그러했듯이 '실미도 사건'에서도 정권보위를 부르짖는 자들은 사건을 축소·조작·왜곡·은폐하였고, 공작원들의 인권보호는커녕 이들을 인간 병기로 만들어 분단 갈등의 폭력적 대결에 써 먹으려는 생명 경시 경향을 노골적으로 드러냈다. 국가 폭력은 치유될 수 없는 상처이다. '국가'란 이름 뒤에 숨어 수많은 사람을 해쳤던 비열한 인간들을 더 이상 용인해서는 안 된다.

평화를 외치는 우리 같은 평범한 사람들은 어떠한 이유로든 70여 년간 지속되고 있는 한반도 전쟁을 반대하며, '1·21사태', '실미도 사건'과 같이 인간 존엄을 해치는 폭력이 더 이상 한반도에서 재연되기를 원치 않는다. 다시는 한 줌도 안 되는 이 땅의 '아이히만'들이 '국가'의 이름으로, '안보'의 이름으로 개인의 삶을 희생시키는 역사가 반복되어서는 안 된다는 것이 '실미도 사건'이 우리에게 주는 교훈이다. 자신의 아들, 오빠, 형, 남동생이 어디서 어떻게 죽었는지도 모르고 30여 년간 피맺힌 삶, 비정상적인 삶을 살아내야 했던 실미도 공작원의 유족들도 같은 바람일 것이다.

올해로 '실미도 사건'이 발생한 지 50년. 반세기에 걸친 사건의 모든 실체가 베일을 벗고 유족들 앞에, 그리고 국민 앞에 온전히 드러나고, 가해자들에게는 합당한 처벌이 내려지기를 소망한다.

뒤틀린 한반도 근현대사의 질곡을 온몸으로 받아 내야 했던 한 유족의 목소리를 싣는 것으로 글을 맺는다.

□ 유족의 증언

증언자: 이향숙 (80세. 사형수 이서천의 누이동생)

(2020.12.24. 자택 인근)

오빠는 1940년생이다. 나는 42년 생. 둘 다 일제 강점기 때 태어났다. 오빠는 11살 되던 해, 한국전쟁 후 첫 겨울 눈이 많이 쌓인 날, 의붓아버지에게 내쫓겼다.

생부는 내가 엄마 뱃속에 있을 때 대전에서 병사했고, 아이들이 우리를 '가봉자'(재혼 시 딸린 자식)라고 놀려서 친구가 없었다. 어렵게 살아서 가족사진 한 장 없다. 오빠 사진도 국방부에서 준게 전부다. 학교 못 다녔다. 글 읽고 쓰는 거 못 한다. 내 이름만 쓸 줄 안다.

엄마가 전쟁 난 여름에 친정어머님 한 번 보고 죽겠다고 우리 둘을 데리고 고향 청주로 가셨는데, 거기서 할머니가 우리 엄마를 결혼시켰다. 결혼식도 제대로 한 게 아니고 사별한 농사꾼에게 그냥 보냈다. 거기서 바로 3명의 아들을 낳았는데 1명은 죽고 2명이 살아났다. 이복형제로 그냥 관계를 유지하고 있었는데, 실미도 사건으로 오빠를 찾게 되었을 때 함께 하자고 하니까 안 하길래 절연했다. 동기간이라고 해도 보기 싫었다.

의붓아버지는 우리 남매를 그냥 두지 않았다. 사람을 달달 볶아댔다. 밥도 못 먹게 하고 잠도 제대로 자지 못하게 했다. 전쟁 때 어린 오빠를 자기 순번에 대신 마을 야경단으로 내 보냈는데, 가서 잠을 자니까 마을 사람들이 "왜 당신이 안 나오고 어린 아이를 내 보내느냐?"고 의붓아버지에게 항의했고, 의붓아버지는 오빠에게 "맨날 가서 잠만 자빠져 자느냐? 왜 어른들과 함께 밤에 야경을 돌지 않느냐?"고 호통을 치면서 신발도 없이 한겨울 눈밭에 내쫓았다. 우리 남매는 의붓아버지 눈치 보느라 평소에도 밥도 제대로 못 먹고 잠도 집에서 자지 못하고 헛간 볏 짚단 속에서 자는 일이 많았다.

집을 나간 오빠가 그 후 대여섯 번 집에 왔다. "엄마가 보고 싶어서 왔다"고 했다. 인정이 많아 우리 집의 짚 이엉을 다시 이어주는 일도 했다. 나는 오빠가 창피해서 "돈 벌면서 진득하니 있지 왜 돌아댕기냐?"고 눈을 흘겼고, 2~3년에 집에 한 번씩 오는 오빠가 탐탁지 않았다. 오빠는 중국집에서 요리를 배운다고 했다. 그런데 식당 주인들이 "군대 갔다 왔느냐? 언제 군대 가냐?"고 물었고, 취직도 군 미필자여서 여의치 않았다고 한다. 당시는 군대 안 갔다 오면 빨갱이 취급을 했다. 취직도 안 되고 배가 너무 고파서 피 뽑아서 빵이라도 사 먹으려고 병원에 갔는데 문을 닫아서 돌아 나오던 중, 신사복을 입은 남자가 오더니 "김일성 사진 찍어 오면 대위 계급을 주고 아파트 한 채를 주겠다"고 하면서 접근했다고 들었다. "친구가 있느냐?"고 해서 없다고 하니 대전으로 데리고 가 여관에 묵게 했는데 5명이 와 있었고, 그 남자가 소고기 국에 하얀 쌀밥을 먹게 해 주었고, 파랑새 담배를 주었는데 너무 좋았다더라. 오빠는 숫기가 없어 사람들에게 아쉬운 소리를 잘 못했다.

오빠는 의붓아버지 8촌 형(부뜰이)의 호적에 동거인으로 올라 있었다. 의붓아버지가 의도적으로 그렇게 한 것 같다. 친자식으로 올리는 게 싫어서. 그 8촌 형이란 사람은 조금 모자란 인물인데,

실미도 사건을 조사하던 국방부 사람들(TF)이 오빠 호적을 찾을 때 알게 됐다.

어머님은 고생을 엄청하셨다. 호리호리하고 이쁘장한 얼굴이었는데 30대에 청상과부가 되어 두 남매를 키우다가 재가해서 자식 2명 데리고 갔다는 죄로 숨도 못 쉬고 살았다. 내가 19세 결혼 직후 보름 만에 어머님이 돌아가셨는데, 사망했다는 얘길 듣고 친정집에 들어가니 방 한가운데 누워 계셨다. 내가 "엄마, 엄마, 엄마" 하고 세 번을 불렀더니 벌떡 일어나 나를 한동안 바라보시더니 쓰러져 돌아가셨다. 임종을 못 지킨다고 생각했는데 어머님이 마지막으로 나를 보고 싶으셔서 일어나 앉으신 것 같다. 엄마는 바보, 등신이다. 그렇게 살다가 죽다니…. 하루는 엄마가 나한테 옷감 끊어서 고무줄 들어간 치마 한 벌 해 줬다고 의붓애비가 엄마를 엄청 두들겨 팼다. 나는 어릴 적 양말 한 짝 못 신고 살았다. 신발도 없었다. 아홉 살까지만 우리 세 식구가 함께 살았다.

실미도 사건이 사람들에게 알려질 때까지 나는 오빠 소식도 몰랐고 고아처럼 자랐다. 결혼했을 때 시집살이가 하도 심해서 이혼하고 싶어도 엄마가 재혼해서 내가 어릴 적 놀림을 받았다는 생각에 할 수 없었다. 친정 식구가 있었으면 좋았을 텐데…. 나도 엄청 고생했다. 딸 셋과 아들 셋, 6명을 낳아 길렀는데, 시집살이가 심했다. 시모가 무조건 못 되게 굴었는데, 내 모친이 두 번 시집갔다는 이유로 나를 개밥의 도토리 취급을 했다. 자식들을 위해 40여 년간 파출부를 하며 억척스럽게 살았다.

오빠 얘기를 들으면 속상하다. 우리가 고아라서 하늘 밑에 오빠랑 단 둘인데 나중에 잘 살게 되면 고생 얘기 함께 나누면서 잘 살 줄 알았다. 내가 시집살이 할 때도 집으로 찾아 와 "우리는 부모가 없지 않냐? 시부모에게 잘 해라"고 말했다. 그러면 나는 "오빠는 왔다 갔다 하지 말고 착실하게 돈이나 잘 벌어라"고 타박을 했다. 경상도 여자인 시모 눈치 보느라 밥도 한 끼 제대로 챙겨주지 못했다.

오빠 얘기는 64세 때 처음 들었다. 어딘가에서 식당하면서 잘 살고 있으려니 했다. 아니면 외국엘 나갔던가. 어느 날 국방부라고 하면서 웬 남자가 전화로 "이서천 씨를 아십니까?"라고 물었다. 엉겁결에 "우리 오빠는 간첩이 아니예요"라고 대답했다. 그 남자는 "간첩 아닌 거 맞고요. 군인으로 공군에 있다가 돌아가셨습니다"라고 했다. 그때 오빠 얘기를 처음 들었다.

나도 살 날이 얼마 안 남았다. 내가 죽기 전에 국가는, 국방부는, 공군은 우리 오빠의 시신을 돌려 달라.

실미도의 '아이히만'들

등록 1994.7.1 제1-1071
1쇄 발행 2021년 8월 31일

지은이 안김정애
펴낸이 박길수
편집장 소경희
편 집 조영준
관 리 위현정
디자인 이주향
펴낸곳 도서출판 모시는사람들
03147 서울시 종로구 삼일대로 457(경운동 수운회관) 1207호
전 화 02-735-7173, 02-737-7173 / 팩스 02-730-7173
홈페이지 http://www.mosinsaram.com/

인 쇄 (주)성광인쇄(031-942-4814)
배 본 문화유통북스(031-937-6100)

값은 뒤표지에 있습니다.
ISBN 979-11-6629-050-3 03300